Michael Stahl

53 MÄNNER

W0095631

Michael Stahl

53 MÄNNER

Abenteuer zwischen Gazastreifen
und See Genezareth

GloryWorld-Medien

1. Auflage 2017

© 2017 Michael Stahl

© 2017 GloryWorld-Medien, Xanten, Germany

Bibelzitate sind, falls nicht anders gekennzeichnet, der Rev. Lutherbibel von 1984 entnommen.

Das Buch folgt den Regeln der Deutschen Rechtschreibreform.
Die Bibelzitate wurden diesen Rechtschreibregeln angepasst.

Lektorat: Klaudia Wagner

Satz und Cover: Rainer Zilly, www.kreativ-agentur-zilly.de

Fotos: privat, außer wikimedia.org: S.97 DE.MOLAI, S.105 Godot13

ISBN: 978-3-95578-331-0

Bestellnummer: 356331

Erhältlich beim Verlag:

GloryWorld-Medien
Beit-Sahour-Str. 4
D-46509 Xanten
Tel.: 02801-9854003
Fax: 02801-9854004
info@gloryworld.de
www.gloryworld.de

oder in jeder Buchhandlung

■ Inhalt

SB Männer

■ Einführung

Israel, das Land meiner Sehnsüchte. Schon als kleiner Bub verspürte ich den Drang, einmal dorthin zu reisen. Doch letztendlich dauerte es dann 47 Jahre.

Unerfüllte Sehnsucht, so sagt man, macht uns Menschen krank. Doch was ist Sehnsucht? Ich glaube, es ist das Begehren zu sehen, wonach wir suchen, und zwar mit dem Herzen. So habe ich in meinem Leben in viele sehnsüchtige Augen geschaut, besonders bei Menschen, denen ich in ihrem Sterben nah sein durfte. Sehr oft erzählten sie mir Dinge vom Grunde ihres Herzens. Aber auch Drogensüchtige, Einsame, Verletzte und viele andere gewährten mir einen Einblick mitten in ihr Herz.

Als kleiner Junge wurde ich oft von dieser Welt verletzt. Liebe – nach der ich mich sehnte – bekam ich nicht. Verletzungen – die ich nicht wollte – bekam ich zuhauf.

Mitten in all dem lernte ich schon als kleiner Junge JESUS kennen oder, wie man in Israel sagt, JESHUAH. Bei ihm und von ihm fühlte ich mich verstanden. Wenn ich Ablehnung erfuhr, wusste ich, auch er war abgelehnt worden. Wenn man mich auslachte und entwürdigte, konnte ich mich ihm anvertrauen, denn er hatte dasselbe erlitten. Selbst als man mir ins Gesicht spuckte, fand ich Trost bei ihm, den man auch bespuckt hatte.

Im Leiden, im Schmerz, mit einem Herz voller Sehnsüchte, in all dem fühlte ich mich mit ihm verbunden. In der Bibel steht, dass er der Allerverachtetste war. Nie zuvor und nie danach wurde ein Mensch mehr verachtet als Jesus. Abgelehnt von Anfang an bis zum Tod am Kreuz. Nackt im Dreck geboren und nackt im Dreck gestorben. Als mir das schon im Grundschulalter bewusst wurde, war mir klar, dass ich nie allein bin. Gott hat uns nie versprochen, dass unser Leben einfach wird, aber dass er da ist.

Obwohl ich ein Kind war, welches jede Gelegenheit nutzte, rauszugehen, saugte ich bereits damals sämtliche Bibelfilme in mich auf: *„König der Könige"*, *„Jesus von Nazareth"*, *„Ben Hur"* oder *„Die Zehn Gebote"*.

Das Evangelium – in Filmen, in der Bibel, im Religionsunterricht – gab mir Zuversicht, Hoffnung und Trost. <u>Mit jedem Film und jedem gelesenen Wort wuchs die Sehnsucht in mir, einmal nach Israel zu reisen</u>. Mit neunzehn Jahren stand ich kurz vor der Erfüllung dieser Sehnsucht, doch dann machte ein Autounfall diesen Traum zunichte.

Sterbende bereuen oft am meisten die Dinge, die sie nie getan haben. Auch wenn es sich verrückt anhört, ich wollte nie aus dieser Welt gehen, ohne davor in Israel gewesen zu sein. Einmal im Garten Gethsemane zu sein, um dort zu weinen, wo Jesus geweint hatte. Wo er so große Angst hatte, dass er Blut schwitzte. Wo er im Staub gelegen und sich dafür entschieden hatte, diesen fürchterlichen Weg aus Liebe zu mir und zu dir weiterzugehen.

Eines Tages betete ich: *„Lieber Jesus, wenn du möchtest, dass ich einmal nach Israel gehen darf, dann lege ich das in deine Hände."* Ja, er wollte – und wie! Als ich eines Tages zu

Unsere Männergruppe

Gast auf einer Männerfreizeit war, kam ich mit dem Veranstalter, Helmut, ins Gespräch. Es stellte sich heraus, dass Helmut Inhaber eines Reisebüros war bzw. ist und er schon etwa dreißigmal in Israel war. Mein Herz hüpfte vor Freude, als ich dies hörte, und so beschlossen wir unsere Männertour. 52 waren wir.

Und warum trägt dieses Buch im Titel die Zahl 53? Weil wir vor Ort Johnny kennenlernten. Er gab uns ein Stück Heimat in Israel. Mit ihm saßen wir am Tisch, und er öffnete uns nicht nur seine Türen und seinen Kühlschrank, sondern auch sein Herz.

Mir war es nicht wichtig, möglichst lange in Israel zu sein, sondern nur, überhaupt einmal dort sein zu dürfen. Es fällt mir immer schwer, längere Zeit von zu Hause weg zu sein, da meine Familie vor sieben Jahren einen grauenhaften Autounfall hatte, der unser Leben total veränderte. Dieses Trauma habe ich immer noch nicht ganz überwunden. Meine Frau rang damals um ihr Leben, und auch meine sechzehn Monate alte Tochter entrann nur knapp dem Tod.

Nur mühsam hat sich meine Frau ins Leben zurückgekämpft. Zwischen meiner Tochter und mir entstand in dieser Zeit ein noch tieferes Band. Seit dieser traurigen Zeit waren wir nie mehr als zwei oder drei Tage voneinander getrennt, und es fällt uns schwer, auch nur für wenige Tage voneinander Abschied zu nehmen. Die Seele hat noch ihre Verletzungen, doch was für einen großen Trost hinterließ uns Jesaja: *„Durch seine (Jesu) Wunden sind wir geheilt."* (Jesaja 53)

Weil ich also nicht so lange von zu Hause fort sein wollte, bat ich Helmut, die Reise so kurz wie möglich zu machen, aber so viel wie möglich hineinzupacken. Ich sehe heute noch seinen leicht verwunderten Blick. Nach einigem Hin und Her einigten wir uns auf eine Woche. Es wurden mit die schönsten Tage meines Lebens.

In Israel angekommen, verspürte ich einen Frieden, den ich nicht genauer erklären kann. Unsere Reise begann an der Grenze zum Gazastreifen. Was für eine Spannung, was für eine Zerrissenheit! Soviel Liebe und doch auch so viel Hass! Tragen wir nicht alle ein bisschen Israel in uns?

In dieser Woche durfte ich so viel lernen, so viel erleben. Und viele meiner Sehnsüchte wurden gestillt. Wir waren an dem Ort, an dem Jesus um Jerusalem weinte und ich weinte mit ihm. Wir gingen den Weg, den er am Palmsonntag nahm. Dort wurde er noch bejubelt, und wenige Tage später wurde aus Jubel Geschrei des Hasses.

Im Garten Gethsemane angekommen, war auch mein Herz angekommen, wo es sein wollte. Ich durfte vor diesen wunderbaren Männern, die mir zu Freunden und Brüdern geworden waren, eine Andacht halten. An diesem Tag und an diesem Ort habe ich so viel geweint wie nie zuvor in meinem Leben. Ich spürte, wenn auch nur einen Bruchteil davon, was Jesus gespürt hatte. Ein Leben lang hatte ich hier sein wollen, und nun war ich da. Meine Stimme versagte, Tränen liefen, ich musste mich an den großen Ölbäumen abstützen.

Am Ölbaum im Garten Gethsemane

Was für ein Gott, der Mensch sein wollte wie wir! Der die Herrlichkeit des Himmels verließ, um in einem kleinen, schäbigen Stall zur Welt zu kommen. Der vor seinem Tod seinen Freunden den Staub von den Füßen wusch. Hände, welche die Sterne geformt und den Planeten ihre Bahn gegeben hatten, reinigten Füße, von denen er wusste, dass sie weglaufen würden.

Was für ein Gott, was für ein Mensch, der sich mit 39 Hieben auspeitschen ließ, den man ohrfeigte, der sich anspucken ließ, dem man einen Stock auf den Kopf schlug und der nackt an einem römischen Holzkreuz starb. Unbeschreiblich, unfassbar! Mit dem Verstand nie zu begreifen!

In diesem Garten hier hatte er im Staub gekniet, aus Liebe zu dir und mir. Oft zweifeln wir an unserem Wert. Und Profifußballer messen sich an ihrem Marktwert. Wer wirklich wissen will, wieviel er wert ist, sollte sich bewusst machen, was Gott im Garten Gethsemane und auf Golgatha für ihn persönlich getan hat! So wertvoll bist du, so wertvoll bin ich. Dies waren und sind wir ihm wert. *„Er hat auch an dich gedacht, als er sprach es ist vollbracht"* (Pfarrer Wilhelm Busch).

Am Abend vor seinem Tod, bevor er in den Garten ging, gab er uns einen Auftrag: *„Liebt einander, wie ich euch geliebt habe – niemand hat größere Liebe denn die, dass er sein Leben gibt für seine Freunde"* (Johannes 13,34; 15,13). Er nennt dich und mich Freund. Seine Freundschaft war es ihm wert, sein Leben zu geben. Mehr geht nicht.

Ein Freund, den ich im Sterben einmal besuchte, bat mich, den Menschen, also auch dir, Folgendes zu sagen – dabei hielt er meine Hand und schaute mir ernsthaft und entschlossen in die Augen; er war Polizist, Anfang 50. Ein toller der Typ!

„Bitte sag den Menschen dort draußen, dass, auch wenn alle gegangen sind, JESUS bleibt. Er ist derjenige, zu dem wir gehen können, so wie wir sind – mit allem, was uns belastet, mit allem, was uns schwer ist und traurig macht. Ob ich nun lebe oder sterbe, ich habe das Leben gewonnen, weil ich Jesus in meinem Herzen trage!"

Jesus war fünf Jahre zuvor sein Freund geworden. Weil dieser Freund sein Leben gegeben hatte, wusste mein Freund, dass er das ewige Leben vor sich hatte. Beim Schreiben dieser Zeilen füllen Tränen meine Augen. Tränen der Trauer, aber auch der Dankbarkeit.

Im Garten Gethsemane wurde mir neu und noch viel intensiver bewusst, was für eine unbegreifliche Liebe Gott für uns Menschen hat. Ich glaube, die ganze Ewigkeit reicht kaum aus, um das begreifen zu können, wenn überhaupt.

In Israel wurden die Herzen nicht nur berührt, sondern Männer packten mitten aus ihrem Herzen heraus aus. Viele berichteten mir, dass sie zu Hause keinen anderen Mann haben, mit dem sie sich austauschen können. In Israel wurden Mauern des Schweigens eingebrochen und etwas Neues entstand.

Acht Männer luden während dieser Reise Jesus in ihr Herz ein. Und wenige Tage später ließen sich elf Männer im Jordan taufen, als Zeichen für die sichtbare und unsichtbare Welt: Wir gehören zu Jesus!

53 Männer, eine Woche wie die Ölsardinen aufeinander und doch kein böses Wort. Hitze, Fußmärsche, Lachen, Weinen, so viele Emotionen, aber kein Streit.

So durften wir Bethlehem erleben, Jericho, Jerusalem, das Tote Meer, Massada und schließlich den See Genezareth. Über 50 Männer auf einem Boot mit einem Bootsführer, der uns auf Hebräisch mitten auf dem See ein paar Lieder vorsang. Dort, wo Petrus das Unfassbare getan hatte: Er war auf dem Wasser gegangen. Er hatte alle bisher bekannten Gesetze der Physik und Natur überwunden, um auf den Urheber aller Naturgesetze zuzugehen. Er war aus dem Boot gestiegen und hatte auf Jesus geschaut. Wohin schaust du im Leben? Was ist dein Ziel? Wo landest du, wenn deine Lebensflugreise zu Ende ist? Solange Petrus auf seinen Herrn und seinen Gott schaute, vollbrachte er das Unmögliche. Doch als er nach Wind und Wellen sah, ging er unter. Allerdings ist auch hierbei

Mit dem Lobpreisboot auf dem See Genezareth

Jeschuas Name Programm – seine Bedeutung ist „Rettung". Und „Jahwe" heißt: „Ich bin für dich da." Wie genial, wie kostbar: „Ich bin für dich da und rette dich!"

Dort, auf diesem See, mit meinen Freunden und der Musik, spürte ich etwas, das ich nie zuvor in meinem Leben so intensiv wahrgenommen hatte – den Frieden, den diese Welt nicht geben kann. Eine Liebe, die mich bedingungslos angenommen hat, obwohl ich so bin, wie ich bin.

Als ich damals den schrecklichsten Anruf meines Lebens bekam, meine Familie sei schwer verunglückt, hatte ich eine zweistündige Autofahrt in die Klinik vor mir und keine Ahnung, ob meine Frau und meine Tochter noch leben. Zu wem würdest du in dieser Verzweiflung schreien? Was gäbe dir Hoffnung, Halt, Trost? Wohin mit dem Schmerz und den Klagen?

- Horoskope? Nein sie könne dir nicht helfen!
- Glücksbringer? Woher soll das Glück denn kommen?
- Fernöstliche Mediation? Oh nein! All das Atmen, die Verrenkungen von Armen und Beinen können hier auch nicht helfen.
- Das Universum? Nein, denn es ist nur ein „Es".

In diesen Stunden, in denen es uns die Beine wegzieht, den Boden entreißt, brauchen wir stets das „DU" als Gegenüber. Denn aus Beziehung sind wir entstanden. In Beziehung lebten wir unter dem Herzen unserer Mama. In Beziehungen wachsen wir. Ohne sie würden wir verhungern, verdursten und vereinsamen. In Beziehungen leben wir im Kindergarten, in der Schule und in der Arbeit, ja, bis zum Ende unseres Lebens. Selbst da brauchen wir eine Hand, welche unsere hält. Deshalb haben wir auch diese tiefe Sehnsucht nach gesunden Beziehungen, nach dem DU, das da ist, das uns bedingungslos liebt.

Was wirklich zählt, war ganz zum Schluss auch den Leuten auf der Titanic bewusst geworden. Das letzte Lied, das die Bordkapelle spielte, war: „Näher, mein Gott, zu dir."

Ja, dieser Gott, der alle Sehnsüchte in unser Herz legte, kam ganz nah zu uns. Doch wir wollten ihn nicht haben. Jemand fragte einmal: „Warum kommt Gott nicht und zeigt sich?" Er war doch da, aber sie verachteten ihn und schlugen ihn ans Kreuz.

Dieser Gott betrat mit seinen Füßen unsere von ihm geschenkte Erde. So viele Menschen wollen und wollten Gott sein, aber nur ein Gott wollte Mensch werden, und all das geschah in Israel. An vielen Stätten spürte ich seine einzigartige Liebe, aber ganz besonders im Garten Gethsemane und auf dem See Genezareth. Vielen Männern erging es ähnlich.

Selbst der Heimflug hatte es in sich, denn im Flugzeug hatte ich zwei wunderbare Sitznachbarn, eine Dame und einen Mann. Sie waren dienstlich unterwegs und ich durfte in der Mitte der beiden verweilen. Nach einiger Zeit kamen wir tiefer ins Gespräch, sehr tief. Beide waren Polizeibeamte und waren zu einer Fortbildung in Israel gewesen. Ich erzählte den beiden von unserer Israelreise, und sie wollten wissen, was ich in meinem Dienst so alles erlebe. Dann kamen wir auf Gott zu sprechen. Der Mann bekannte sich als Agnostiker. Er war sich sicher, dass es etwas Höheres gibt. Aber wie man dieses höhere Wesen nennt, sei nicht so wichtig. Daraufhin fragte ich ihn, ob er Kinder habe. Begeistert berichtete er mir von seiner kleinen Tochter.

Ich fragte ihn: *„Angenommen, wir flögen über deine Heimat, über dein Haus, wäre deine Tochter glücklich darüber zu wissen, dass hoch droben, in über 10.000 Metern Höhe, der Papa ist?"* „Nein", meinte er und fuhr fort: *„Damit das Glück perfekt wäre, müsste ich herunterkommen und landen und sie in meinen Armen halten!"* Dann fragte ich, wie es für ihn wäre, wenn seine Tochter eines Tages sagte, dass es nicht wichtig für sie sei, wie ihr Papa heißt und wo er gerade ist, und dass sie keine persönliche Beziehung mehr mit ihm pflegen möchte. Daraufhin meinte er, dass dies entsetzlich für ihn wäre.

Ich sagte: *„Nun hast du es verstanden! So hat es Gott gemacht! Damit unser Glück perfekt wird, kam er herunter und breitete die Arme aus. Er zwingt keinen, sich darin geborgen zu fühlen, sich hineinfallen und sich führen zu lassen. Er stellt es jedem frei. Wie muss es allerdings sein Vaterherz schmerzen, dass die Welt ihn so ablehnt und verachtet. Bis zum Schluss hing er mit ausgebreiteten Armen am Kreuz. Es ist nicht zu spät, sich in seinen Armen geborgen zu wissen."*

Ich sah in die Augen dieses wunderbaren Vaters, sein Herz wurde berührt. Ich bin mir sicher, dass er eines Tages diese Zeilen liest. Ich bete für dich, mein Lieber! Es war kein Zufall, dass wir denselben Flug zur selben Zeit hatten und dass wir nebeneinandersaßen. Ich glaube, Gott sehnt sich nach dir und nach dem Rest der Welt, danach, euch alle in seine Arme zu schließen, damit euer Glück perfekt wird.

Ich bin mir sicher, dass, als der Beamte zu Hause seine Lieben umarmte und die Vollkommenheit des aus der Liebe geborenen Augenblicks spürte, er im Grunde seines Herzens verstand.

Ach ja: *„Rein zufällig"* hatten wir noch einen gemeinsamen Bekannten, der *„rein zufällig"* mit mir in Israel und mit an Bord war. Er verbrachte die restlichen zwei Stunden mit ihnen auf der Heimreise.

14

Ein höheres Wesen? Über den Wolken? Das genügt mir nicht! In den Katastrophen meines Lebens brauchte ich stets den Einen, der mir versprach: *„Ich bin bei Dir"*, den *„Ich bin für Dich da"*-Gott. Gott landete vor 2000 Jahren, doch in der Empfangshalle herrschte wenig Begeisterung. Kein roter Teppich, keine Willkommensschilder! Im Schmutz geboren und im Dreck dieser Welt gestorben! Abgelehnt! Und bis heute hat sich nicht viel daran geändert. Sie wollten ihn nie und wollen ihn noch heute nicht. Aus Sehnsucht und bedingungsloser Liebe kam er, um mitten in unserem Herzen zu landen. SEHNSUCHT ist die Suche nach dem Paradies, nach Anerkennung, nach Heimat, nach Schönheit, nach Ewigkeit – nach Gott. Mit Jesu Landung kam das Paradies zu uns. Mehr Anerkennung, als er gab und gibt, kann einer aus Liebe nicht schenken. Er verschenkte sich selbst und gab sein Leben.

Im Himmel gibt es für uns alle eine Heimat. Eine Wohnung für jeden, die schöner ist, als wir sie selbst je gewählt hätten. Schönheit, nichts als Schönheit wird uns umgeben. Wir werden leben in Ewigkeit. Der Himmel kam zu uns! Nicht nur nach Israel, sondern auch zu dir und zu mir.

Was nun folgt, sind ein paar Eindrücke von einigen Männern, welche die Reise miterlebt haben. Es sind Menschen wie du und ich, keine großen Autoren. Es sind zum Beispiel Polizisten, Handwerker und Rentner. Aber sie berichten mitten aus ihrem Herzen für dein Herz. Ich wünsche dir, dass ihre Worte zum Segen für dich werden.

Herzlichst
Dein Michael Stahl

■ JONATHAN, der schwäbische Polizist

Mein Name ist Jonathan. Ich bin 26 Jahre alt und arbeite als Polizeibeamter in Baden-Württemberg. Kennengelernt habe ich Gott in erster Linie über meine Eltern. Ich hatte das Privileg, in einem christlichen Umfeld aufzuwachsen und Gott erleben zu dürfen. In meiner Kindheit und auch im Jugendalter habe ich viel Liebe und Wertschätzung von meinen Eltern erfahren dürfen und somit auch gute Werte von ihnen übernommen.

Als Jugendlicher habe ich oft Geschichten von Menschen gehört, die eine schwierige Kindheit oder ein *„echt heftiges Leben"* als Erwachsener hatten. Dann haben sie Jesus kennengelernt und ihr Leben hat sich radikal verändert. Davon konnten sie ein starkes Zeugnis geben. Weil ich das Gefühl hatte, dass in meinem Leben alles einfach zu glatt lief und ich nicht eine so krasse, aufregende Geschichte erzählen konnte, habe ich in meinem jugendlichen Leichtsinn dafür gebetet, dass mir schlimme Dinge passieren und ich total abstürze. Dann hätte Jesus mich gerettet und ich hätte eine starke Geschichte erzählen und Zeugnis geben können! Ich bin froh, dass Gott mein Gebet nicht erhört hat, sondern besser weiß, wo mein Weg hingeht und was mir guttut! Ich danke Gott, dass er mir die Einsicht geschenkt hat, für all das Gute dankbar zu sein, das ich erleben durfte und darf, und für die Momente, in denen er mich vor all dem Schlechten bewahrt hat. Ich habe lernen dürfen, dass meine Geschichte, so langweilig ich sie auch finden mag, doch genau die Geschichte ist, die Gott mit mir schreiben möchte und noch schreibt, und die ich erzählen darf, um andere dadurch zu berühren und vielleicht näher zu Gott zu führen. Es ist eben die Geschichte, die mich zu dem Mann gemacht hat, der ich heute bin!

In meinem Leben gab es aber auch schlechte Zeiten. Ich habe bei meinem Vater Depressionen und Selbstmordversuche miterlebt. Verluste von wichtigen und geliebten Menschen und auch Dinge, die geliebten Menschen angetan wurden. Streit in der Familie und zwischen den Eltern. Ich denke, dass davon niemand verschont bleibt und diese Erfahrungen entweder bei Menschen in der Nähe oder bei sich selbst macht. Bei allen diesen Erlebnissen konnte ich mich aber immer an Gott wenden und von ihm Kraft und Hoffnung beziehen. Er war und ist immer da! Auch, wenn es manchmal den Anschein hat, dass er es nicht ist. Er ist *der Stecken und Stab* (Psalm 23), der uns stützt, wenn wir schwach sind!

Bei der Polizei habe ich immer wieder mit schlimmen Schicksalsschlägen zu tun oder mit Menschen, die auf die schiefe Bahn geraten sind und ihren Wert vergessen haben – ob selbstverschuldet oder durch andere Personen. Die Welt, die ich als Polizist kennenlerne, ist eine andere, als die behütete und wertschätzende Welt, die ich aus meiner Kindheit und Jugend kenne. Es ist eine Welt, in der Gott für die Menschen nicht greifbar oder relevant ist. Eine Welt, in der es oft keine Hoffnung und Liebe gibt oder ein anderes Verständnis von Liebe besteht.

Deshalb ist es mir wichtig, den Menschen von Gott zu erzählen. Ich meine damit nicht, sie mit Bibelversen und tollen Sprüchen, Belehrungen und Regeln zu *„erschlagen"*. Ich spreche davon,

- dass man ein lebendiges Beispiel dafür ist, Gottes Ebenbild zu sein;
- dass man mit seinem Leben Gott den Menschen näherbringt und ihnen mit Wertschätzung und Liebe begegnet;
- dass sie erkennen, dass es mehr im Leben gibt als das, was sie bisher kannten;
- dass es jemanden gibt, der sich für sie interessiert und bei ihnen ist, genau in der Situation, in der sie momentan stehen, und sie darin versteht und nicht verlässt.

Jetzt haben Sie einen kleinen Einblick in mein Herz und mein Leben bekommen. Nun zu der Israel-Männer-Reise. Ich bin durch meinen guten Freund Wolfgang dazu gekommen. Wir

haben beide zusammen bei Michael Stahl die Selbstverteidi-
gungs-Trainerausbildung gemacht und uns dadurch kennengelernt. Er hatte von der Reise gehört, und für mich war sofort
klar: Israel, Michael Stahl, nur Männer – das kann nur gut
werden und da muss ich dabei sein.

Ich bin mit der Erwartung in die Reise gegangen, Gott
stärker und intensiver zu erleben als bisher, und ich wollte
das Land, welches Gott seinem Volk gegeben hat, sehen;
dort sein, wo Jesus und andere Männer und Frauen der Bibel
gelebt und gewirkt haben. Ich war gespannt darauf, ob ich
Gott an diesen Plätzen, wie dem Garten Gethsemane, dem
See Genezareth oder am Gartengrab, stärker spüren und erleben würde.

Wir waren dann in Israel an vielen Orten, wo Jesus gelebt
hatte und so viel passiert war. Ich betete und erwartete Gottes
Wirken und Reden, aber ich spürte ... fast nichts. Ich spürte
eigentlich sogar weniger, als in meinem Alltag. Verstehen Sie
mich nicht falsch, es waren schöne Orte, und viele aus der
Gruppe hatten hier tiefe Erlebnisse mit Gott und haben ihn
gespürt. Das hat bei vielen der Männerherzen die Mauern
zerstört, die über Jahre aufgebaut worden waren. Aber bei
mir war fast nichts. Ich war enttäuscht, Gott nicht stärker
erlebt zu haben, wo ich es mir doch so sehr gewünscht hatte.

Aber als ich in den darauffolgenden Tagen mehr darüber
nachdachte, bemerkte ich, dass ich Gott zwar an den Orten
nicht so stark gespürt und erlebt habe, dafür aber umso mehr
in den Geschichten, Erzählungen, Beziehungen, Erlebnissen

und Gesprächen mit den anderen Männern. Jeder Einzelne hatte seine eigene Geschichte und eigene Probleme, aber auch Offenbarungen und Gaben von Gott erhalten, die er mit den anderen teilte. An einem Vormittag zum Beispiel haben Michael Stahl und Gerhard Wittig Sprachnachrichten von ihren Töchtern erhalten. Als sie sie vorspielten, merkte ich, wie viel Liebe, Wertschätzung und Anerkennung für ihre Väter in diesen Nachrichten lag, und ich durfte Gottes Liebe für mich und für jeden Einzelnen so stark spüren, wie schon lange nicht mehr.

Ich begriff, dass Gott nicht an Orte gebunden oder auf sie beschränkt ist, sondern in mir lebt und überall und jederzeit zu mir spricht, und dass Gott sich jedem Menschen auf eine andere Art und Weise mitteilt. Er redet zu jedem so, wie er es verstehen kann. Zum einen spricht er in der Person eines Vaters, einer Mutter, eines Bruders oder eines guten Freundes. Den Nächsten berührt er durch Musik, Kunst oder die Schönheit der Natur. Wieder ein Anderer braucht die Stille oder einen besonderen Ort oder erlebt ihn durch sein geschriebenes Wort der Liebe.

Jesus will Kontakt, Freundschaft, Beziehung mit jedem Einzelnen von uns haben und leben! Er spricht seine Liebe und Wertschätzung JEDEM zu! JEDERZEIT! Wir müssen nur lernen, darauf zu hören und zu reagieren, und das Geschenk der Liebe annehmen.

Jonathan Weiblen

Im Toten Meer

■ GERD, die gute Seele

Ich bin Gerd, gehöre zur Generation 50+ und habe vor einigen Jahren die Trainerausbildung bei Michael Stahl gemacht. Als junges Ehepaar haben meine Frau und ich einige Zeit in Israel verbracht. Vom Land und den biblischen Stätten fasziniert, war mir sofort klar: Auf diese besondere Reise muss ich einfach mit, auch wenn es diesmal ohne die beste Ehefrau von allen sein  sollte. Dafür mit 52 anderen Männern, von denen ich nur Einige kannte.

Von jung bis alt, von sportlich bis Couch-Potato war alles dabei. Von Anfang an passte die Stimmung. Was für eine Hammertruppe sind wir im Laufe dieser Woche geworden! Die Gemeinschaft wuchs jeden Tag. Wir waren viel und schnell unterwegs. „Yalla Yalla", ein Begriff aus dem Arabischen, der so viel wie „schnell schnell" bedeutet, wurde für uns zum geflügelten Wort. Trotzdem fand sich immer wieder Zeit, gute, ehrliche und tief gehende Gespräche zu führen. Einige waren gefühlt schon immer Christen, andere hatten mit dem Glauben an Jesus Christus nie oder nur sehr wenig tun. Eine bunt zusammengewürfelte Gruppe, die sich offen und ohne Vorbehalte begegnete. Eine absolute Ausnahme!

Mann zeigte nicht nur seine Stärken, sondern gab auch offen zu, wo man verletzt und verwundet war. Vor anderen Männern, die man einige Tage zuvor noch nicht mal kannte, sein Herz zu öffnen, Gefühle zu zeigen, und/oder Fehler oder Schwäche einzugestehen, so etwas macht „Mann" nicht, denn das bedeutet angreifbar, verletzlich zu sein. Aber genau dies geschah, und so konnte Gott Heilung und Vergebung schenken. Wenn wir unsere geballten Fäuste öffnen und leeren Hände hinhalten, kann ER sie füllen. Ich bin absolut davon überzeugt, dass Gott selbst diesen wunderbaren Haufen von Chaoten zusammengestellt hat.

Auch an mir ging diese Woche nicht spurlos vorüber. Was diese Tage mit mir gemacht haben, kann ich immer noch nicht wirklich in Worte fassen. Es ist etwas aufgebrochen, aber es braucht Zeit zum Reifen. Gottes Timing ist aber immer perfekt. Die Reise kam zur richtigen Zeit für mich, und so wird es auch mit der Ernte sein. Vertrauen auf den unsichtbaren und doch jederzeit spür- und greifbaren Vater – das hat mich diese Woche wieder neu gelehrt. Wir durften viele Höhepunkte erleben, Gottes Gegenwart im Garten Gethsemane spüren, Abendmahl am Gartengrab feiern. Viel gäbe es zu berichten, aber es ist nahezu unmöglich, alles zu erwähnen: Einblick in eine Spezialeinheit direkt am Gazastreifen, Ausflug in die Negev-Wüste, Totes Meer, Massada …

Obwohl ich schon auf vielen Meeren dieser Welt mit dem Schiff unterwegs war, war die Fahrt auf dem See Genezareth

Vor der Klagemauer.

Sänger Daniel

im Lobpreisboot von Daniel Carmel etwas Besonderes. Der Wind, die Wellen, die Sonne und natürlich die Songs, von Daniel live gesungen. Gottes Gegenwart, sein Geist, war so nah und greifbar, nicht nur ich hatte Tränen in den Augen.

Am Ende aber standen nicht die Sehenswürdigkeiten und Highlights im Vordergrund, sondern die Begegnungen mit den Menschen in Israel und denen innerhalb der Gruppe. Wie zum Beispiel die Taufe von elf Männern im Jordan, in der Gegend, in der auch Jesus getauft wurde. Wir erlebten eine Woche Gänsehaut pur. Gott schrieb Geschichte vor unseren Augen. Er schrieb in unsere Herzen, so wie nur er es kann. Wir nahmen uns in die Arme, lachten, weinten, tranken auch mal ein Glas Wein zusammen.

Auch wenn ich noch nicht alles fassen kann, aber diese Woche hat mir persönlich echt gutgetan. Gerne wieder, dann aber mit der *besten Ehefrau von allen*, wie Ephraim Kishon sagen würde. Auch wenn die Reise dann eine andere sein wird.

Gerd Burkhardt

ALEXANDER, der „Große"

Hallo Freunde, ich heiße Alexander und war Europameister im Box-schwergewicht. Während ich diese Zeilen schreibe, bin ich die aktuelle Nummer Eins in Deutschland.

Ich komme aus einer gläubigen Familie. Von klein auf wurden wir im Glauben an Gott erzogen. Wir gingen regelmäßig in die Kirche und das gemeinsame Gebet war auch immer ein festes Ritual bei uns.

Als ich vierzehn Jahre alt war, fing ich plötzlich an, gegen all das zu rebellieren. Ich wollte das einfach nicht mehr, den Glauben an Gott, das Gebet ... Ich fand alles blöd und es ge-hörte nicht mehr in mein Leben.

Erst als Probleme auftauchten, fing ich plötzlich wieder an zu beten. Meine Mutter hatte mir als Kind immer wieder ge-sagt, dass ich beten solle, wenn ich Probleme hätte. Und genau das machte ich dann. Einige Sätze der Eltern bleiben einfach fest im Herzen und man erinnert sich noch Jahre später daran – selbst an Worte, die man damals lächelnd ab-gewinkt hat!

Der Glaube an Gott ist mittlerweile ein Teil meines Lebens geworden. Früher wirkte ich zwar nach außen wie ein Christ, war aber nur ein Scheinchrist. Ich habe mir und allen anderen etwas vorgemacht. Bis ich mich ganz bewusst dazu entschied, ein Leben mit Jesus zu führen. Es ist immer noch nicht alles einfacher geworden, aber so ist das Leben eben. Es ist nie einfach. Früher war mir der Glaube peinlich, doch heute schäme ich mich deswegen nicht mehr. Deshalb erzähle ich gerne und offen anderen Menschen davon. Besonders Ju-gendliche liegen mir am Herzen.

Letztes Jahr bekam ich von meinem Freund Michael Stahl eine Einladung. Er fragte mich, ob ich nicht Lust hätte, mit nach Israel zu kommen. Natürlich hatte ich Lust! Gar keine

Frage! Es war eine wunderbare Zeit dort. Mit 52 Männern unterwegs zu sein, ist schon etwas Besonderes. Wir hatten tolle Erlebnisse und haben uns in dieser Zeit richtig kennengelernt. Jeder Einzelne hatte seine eigene Geschichte, alle sehr bewegend und spannend. Allein das war sehr wertvoll für mich. Aber ich glaube, es war auch für alle anderen Mitreisenden ein großer Gewinn.

Im Grunde war jeder Tag in Israel etwas Besonderes für mich. Allein, dass 53 Männer eine Woche lang gemeinsam unterwegs waren, ist etwas Einzigartiges. Wo kann man so etwas heute noch erleben? Diese 53 Männer haben zusammen gebetet, geweint und gelacht, und jeder öffnete dem anderen sein Herz. So eine tolle Gemeinschaft hatte ich vorher in meinem ganzen Leben noch nicht. Das war für mich das Schönste an dieser Reise.

Vielleicht sehe ich bestimmte Dinge im Leben jetzt etwas anders. Ich habe dort gelernt, wie wichtig es ist, dass sich Männer, und insbesondere die Väter, austauschen, um voneinander zu lernen. In dem Augenblick, in dem Vertrauen da ist, öffnen Menschen ihr Herz und berichten über ihre Schwie-

Leckeres Buffet beim Biblischen Garten

Training in Beit Al Liqa'

rigkeiten. Jeder hat Herausforderungen im Leben, mit denen er umgehen muss. Im Vertrauen ist man plötzlich nicht mehr allein damit.

In Israel war dieses Vertrauen da, und so haben alle ganz offen über ihr Leben erzählt und alles auf den Tisch gelegt. Die unangenehmen Dinge wurden beim Namen genannt, und es war eine Offenheit da, die mich sehr bewegt hat. Menschen, die auf den ersten Blick als starke Persönlichkeiten erschienen, zeigten sich verletzlich, sobald sie offen redeten. Auf einmal waren wir alle nur noch Menschen aus Fleisch und Blut. So wurde uns immer mehr bewusst, dass Fehler und Misserfolge zum Leben dazu gehören und keiner fehlerfrei ist. Wir sind halt alle nur Menschen.

Alexander Dimitrenko

■ DIETMAR, der Befreite

Hallo, ich bin Dietmar, seit zwölf Jahren glücklich! Ich bin in zweiter Ehe verheiratet mit Petra. Jeder von uns hat Kinder mit in die Ehe gebracht, somit sind wir eine Patchwork-Familie mit zwei Jungen und vier Mädchen. In den letzten Jahren wurden in unserem Haus in Ostfildern immer mehr Räume frei, da vier Kinder durch Studium, Heirat oder

einen neuen Arbeitsplatz auszogen. Damit die Zimmer im Haus nicht leer stehen, hat Gott uns nach und nach drei liebe Menschen geschickt, mit denen wir nun zu siebt eine gesegnete christliche Wohngemeinschaft leben dürfen.

Katholisch von meinen Eltern getauft, wuchs ich als Kind in einer schwäbischen Kleinstadt wohlbehütet auf. Gebetet oder regelmäßig in die Kirche gegangen wurde bei uns nicht. Nachdem meine Schwester krankheitsbedingt mit dreizehn Jahren starb, war für mich klar, dass es keinen *„Lieben Gott"* gibt. Meine nächsten neunzehn Jahre lebte ich ein normales *weltliches* Leben. Dazu gehörte: An Weihnachten, Hochzeiten und Beerdigungen ging man in die Kirche, und das war es dann auch. Nach eigenhändiger Erarbeitung meines Lebensstandards, lernte ich im Alter von 25 Jahren meine erste Frau kennen. Wir heirateten, bekamen zwei Töchter und genossen das Leben. Dann kam mein persönlicher Lebenscrash, als meine damalige Frau mir eröffnete, dass es einen anderen Mann gäbe und es sich auch nicht lohne, um sie zu kämpfen. Ich sah meine Felle davonschwimmen. Meine Kinder nicht mehr täglich zu sehen (sie waren erst zwei und fünf Jahre alt), war das Schlimmste!

Dies war der Zeitpunkt für Gott, um in mein Leben zu treten. Angeklopft hatte ER bestimmt schon öfter, aber ich wollte nicht hören. In meiner Trennungsnot sprach eine ehemalige, gläubige Schulkameradin von mir ein einfaches Gebet, das mir die Schleusen des Himmels öffnete. Ich suchte nach einer Stelle, an der ich meine schwere Last ablegen konnte, und Gott beantwortete mein Rufen mit seiner gnädigen Art.

Die Bibel wurde von nun an zu meinem ständigen Begleiter. Schnell fand ich Anschluss an eine freikirchliche Gemeinde und gewann dadurch viele neue Brüder und Schwestern, welche meinen holprigen Weg begleiteten.

Jahrelang hatte ich mir immer alles erarbeitet und nie nach dem Willen Gottes gefragt. Warum auch? In meinem katholischen Gottesbild war dieser Gott ja ganz weit weg, den Zeigefinger immer warnend erhoben und somit von meinen Gedanken ausgeblendet. Doch nun kam Gott als Freund und Vater in mein Herz.

Als Zeugnis und Ermutigung möchte ich gerne von zwei Erlebnissen berichten.

Als junger Mann verliebte ich mich zum ersten Mal. Meine Freundin wurde ungeplant schwanger. Nach meiner damaligen Denkweise und in Absprache mit der Freundin war schnell klar, dass das Kind abgetrieben wird. Nach deutscher Rechtsprechung ist eine Abtreibung bis zur zwölften Schwangerschaftswoche straffrei möglich, da es sich laut Gesetzesauffassung bei dem Embryo noch nicht um einen Menschen handelt, es also rechtlich gesehen auch kein *Mord* ist.

In meinen Gedanken war dieses Thema dann zwölf Jahre lang ausgeblendet. Aber nachdem ich Gott in mein Herz aufgenommen hatte, man nennt das auch Lebensübergabe, machte ER mich Schritt für Schritt auf meine Sünden bzw. Lebensfehler aufmerksam. Eines Tages fühlte ich eine schwere Last, dass ich damals der Abtreibung zugestimmt hatte. Aber in der Bibel sagt Jesus, ER werde alle Last von uns auf sich nehmen, wenn wir unsere Verfehlungen bekennen und bereuen, auch solche, die in der Vergangenheit liegen. Ich betete mit einem guten Freund, der als Seelsorger tätig war. Ich bekannte meine Schuld vor Gott und erlebte die gewaltige Kraft des Gebets und der Vergebung. Im selben Moment fiel eine tonnenschwere Last von mir ab und ich bekam Frieden darüber. Klar, ich kann die Tat nicht mehr rückgängig machen! Aber ich weiß, dass Gott mir alles vergeben hat! Durch Jesu Blut bin ich reingewaschen, da ich meine Schuld an seinem Kreuz ablegen durfte.

Das zweite Zeugnis bezieht sich auf meinen damaligen, sehr regelmäßigen und hohen Alkoholkonsum. Es gab kaum einen Tag ohne ein oder auch mehrere Bierchen. Nachdem ich Gott gefunden hatte, war es mir ein innerliches Drängen, den Alkohol nicht mehr anzurühren. Es war wie ein Schalter in mir: Von einem Tag auf den nächsten trank ich nicht mehr. Ich fragte mich schon ab und zu, warum ich das so strikt die nächsten zehn Jahre durchzog. Als ich meine jetzige Frau kennenlernen durfte, wusste ich, warum. Sie hätte sich nie auf jemanden mit Alkoholproblemen eingelassen. Gottes Wege sind einfach die besten!

Im Jahr 1997 führte mich eine Reise mit meinem Motorrad in das Land, in dem Jesus lebte: Israel. Es hinterließ einen blei-

Die Grenze zu Palästina

benden Eindruck und eine Sehnsucht in mir, und mittlerweile durfte ich schon mehrere Male in das Heilige Land reisen.

Die Israel-Freizeit mit 53 Männern im April 2017, die von Michael Stahl initiiert wurde, war allerdings ein ganz besonderes Erlebnis. Er stellte diese Reise auf einem Vortragsabend in meiner Heimatstadt vor, bei dem er über sich und seine Präventionsarbeit referierte. Da meine letzte Israelreise schon acht Jahre zurücklag, spürte ich in meinem Herzen den Wunsch nach einem erneuten Besuch im Heiligen Land. Meine Frau war auch gleich positiv dazu eingestellt und schenkte mir die Reise zum Geburtstag, den ich dann zum ersten Mal in Jesu Geburtsstadt Bethlehem erlebte.

Eine Freizeit mit einer so großen Zahl nur an Männern hatte ich noch nicht auf meiner Urlaubsliste. Klar, mal ein paar Tage mit Männern Motorrad fahren oder wandern, das schon. Aber mit über 50 Männern nach Israel, da wollte ich mich einfach überraschen lassen.

Und die Überraschung ist gelungen! Es war eine Reise mit Tiefgang. Die Andachten, Impulse, Gespräche, elf Taufen im Jordan und die heiligen Orte übertrafen meine Erwartungen.

Das Besondere an der Reise war auch die Zusammensetzung der Gruppe. Nur mit Männern unterwegs im Heiligen Land. Wir waren die unterschiedlichsten Typen. Gekannt habe ich nur Michael Stahl, wegen dem ich zunächst auch mitfuhr. Doch die Atmosphäre und Gemeinschaft war von Anfang an klasse. Nach kurzer Zeit war eine tolle Offenheit untereinander spürbar. Männergruppen kommen mir irgendwie unkomplizierter vor als gemischte Gruppen.

Ein tiefes Erlebnis mit Gott war für mich, als sich acht Männer in einer Abendveranstaltung in *Beit Al Liqa'* bekehrten und ihr Leben in die Hand Gottes legten. Gott hält sein Wort: Wenn wir ihn suchen, wird ER sich zu uns stellen! Auch die Taufe am nächsten Tag im Jordan hat mein Herz sehr bewegt. Und ebenso Gethsemane, der Ort, wo Jesus nach dem letzten Mahl mit seinen Freunden war.

Garten Gethsemane

Gott begegnete mir auch in den lieben Menschen, die in Jesu Geburtsstadt Bethlehem sein Reich unter schwierigen Bedingungen bauen.

Eigentlich brauche ich kein Land, um Gott näher zu kommen. An den meisten Orten in Israel konnte ich Gott nicht so spüren, wie ich es mir vielleicht erhofft hatte. Es ist eher deprimierend, dass alles nur auf das Geld ausgelegt ist. Jesus würde heute bestimmt nur noch mit der Peitsche durch sein Heimatland gehen, wie damals im Tempel.

Männer, und vor allem Väter, sind mir durch die Gespräche auf dieser Reise wichtiger geworden. Das habe ich mit nach Hause genommen: Wie sehr unsere kinderlose Gesellschaft Männer braucht, Väter, die sich zu ihren Kindern stellen und sie wertschätzen. Nur so können Kinder ein gesundes Vaterbild aufbauen, worin ich mich Gott zur Verfügung gestellt habe und weiterhin stellen will; schließlich haben wir sechs Kinder!

Danke nochmals allen Organisatoren, Referenten, dem Busfahrer und dem Reiseführer; die Tage werden mir in Erinnerung bleiben!

Dietmar Lösche

■ UWE, der Tätowierer

Mein Name ist Uwe, 55 Jahre alt, verheiratet, drei Kinder, von Beruf Tätowierer. Wir wohnen in dem gemütlichen Burgoberbach bei Ansbach.

Meine Frau (Isabela) hatte sich im Frühjahr 2011 bekehrt und las andauernd in der Bibel. Ich bemerkte eine geistige Veränderung bei ihr.

Nach ein paar Wochen ging auch ich jeden Sonntag mit in ihre Gemeinde, um zu schauen, was das für Leute sind. Und die erste Predigt, die ich hörte, begann mit: *„Gott hat die Erde erschaffen und auch Adam und Eva als die ersten Menschen."* Ich dachte: Oje, die glauben an Adam und Eva? Die Armen! Denen muss man helfen!

So ging ich jeden Sonntag mit in die Gemeinde, dann in Hauskreise und Bibelstunden und stellte immer wieder Fragen, um zu beweisen, dass die Bibel nicht stimmt. Doch immer wieder wurden meine Fragen so beantwortet und belegt, dass ich immer mehr erkannte, dass die Bibel absolut stimmig und wahr ist. Und besonders die ganzen schon eingetroffenen Prophezeiungen waren für mich phänomenal! Ich erkannte, dass die Bibel die wahre Betriebsanleitung für alle Menschen ist. Würden wir uns alle daran halten, hätten wir das Paradies auf Erden. Keiner würde mehr morden, betrügen, lügen, ehebrechen, falsch Zeugnis reden usw.

Im Herbst 2011 merkte ich, dass ich gläubig war, weil ich ungläubigen Menschen immer wieder von Jesus erzählte. Ich konnte gar nicht anders! Ich kann auch kein Datum sagen. Es war irgendwie schleichend gekommen und ich wurde ein geistig neuer Mensch. Meine Frau und ich ließen uns dann im Herbst 2011 in der Freien Christlichen Gemeinde Burgoberbach taufen und sind seitdem aktiv dabei.

Ich erkannte, dass Gott Gemeinschaft mit den Menschen möchte und deswegen Jesus Christus, seinen Sohn, zu uns sandte, der alle Schuld und Sünden, die jetzigen, die gewesenen und die kommenden, auf sich nahm. Ein für alle Mal starb Jesus am Kreuz für unsere Sünden. Weil Gott uns Menschen liebt, opferte er seinen geliebten Sohn für uns, einen Gerechten für die Ungerechten, damit wir wieder Gemeinschaft mit Gott haben dürfen. Jesus steht wie ein Verteidiger für uns vor Gott und nimmt alle Schuld auf sich selbst. Unglaublich! Und so stehen wir vor Gott ohne ein bisschen Sünde! So steht es in der Bibel und wir müssen es nur glauben. Eigentlich ganz einfach! Für viele oft zu einfach. Aber es ist wahr!! Und ich glaube es!

Seitdem habe ich vielen Menschen vergeben und auch Menschen, denen ich Unrecht getan habe, um Vergebung gebeten. Das machte mich frei im Herzen und ich konnte dadurch diese Menschen mit Liebe wieder zurückgewinnen. Das tat und tut noch immer so richtig gut! Preist den Herrn!

Nun zur Israel-Reise: Michael Stahl postete auf Facebook, dass er eine Israel-Männerreise plant, und man bräuchte zirka 40 Personen, um einen günstigen Preis zu erhalten. Wow! In das Land und zu den Orten, wo Jesus gelebt, gepredigt und Wunder getan hat! Hammer! Das hat mich angesprochen. Ich betete darüber und sagte nach Absprache mit meiner Frau dann zu. Trotzdem hatte ich aber ein schlechtes Gewissen, da ich ja ohne meine Familie, also ganz egoistisch, alleine diese Reise machte. Aber Gott ließ es zu. Ich hatte ja dafür gebetet und wusste, dass er mich behüten würde. Und ich war schon gespannt darauf, was Gott mir mit dieser Reise sagen und zeigen wollte! Es klinkten sich noch zwei Glaubensbrüder aus meiner Gemeinde mit ein, und wir waren insgesamt 52 Personen auf dem Weg ins Gelobte Land.

Dann nahm alles seinen Lauf: Mit dem Bus zum Flughafen Stuttgart und dann nach München. Da trafen wir uns alle 52 und begrüßten uns. Danach ging es in den Sicherheitsbereich. Da merkte ich, dass ich meinen Koffer in der Empfangshalle vergessen hatte! Oje! Mitten in der Halle ein Koffer, ganz allein! Meine Gedanken: *Koffer – allein in der Halle – Polizei –*

Alarm – Sperrung – Sprengstoff – Sondereinheit – Flughafen-räumung ... Ich wollte zurück, um den Koffer zu holen, durfte aber nicht mehr aus dem Sicherheitsbereich heraus. Hilfe ...! Panik ...! Ich betete ... Und dann die Erlösung! Michael Stahl war noch in der Empfangshalle gewesen und hatte den allein dastehenden Koffer gesehen. Er hatte erkannt, dass der zu unserer Gruppe gehört und ihn mit in den Sicherheitsbereich gebracht. Das hätte auch anders ausgehen können. Ich wusste: Mein Gebet war erhört worden. Gott behütet mich! Halleluja!

Nach diesem Schreck, ab in den Flieger ... Es war ein sehr angenehmer Flug, und irgendetwas verband uns. Na klar! Wir waren alle Kinder Gottes, alle auf der gleichen Frequenz! Selbst Gerd (von meiner Gemeinde), der extreme Flugangst hatte, war voll ausgelassen. Tja, wir hatten ja auch davor noch kräftig dafür gebetet! Preist den Herrn!

In der Früh um vier Uhr landeten wir in Israel. Wir sind da! In Tel Aviv. Rein in den Bus, zum Frühstück (6 Uhr). Anschlie-ßend begann die biblische Tour. Trotz fehlendem Schlaf gab es eine tolle Harmonie unter den 53. Dann zum Maulbeer-feigenbaum, auf den Zachäus kletterte, um Jesus besser sehen zu können. Danach Besuch bei der Ehrenamtlichen Spezialpolizei *Yatar*.

Unterdessen begannen eine Minute lang in ganz Israel die Sirenen zu heulen. Alle stehen still. Alle Autos stehen. Ge-denkminute an den Holocaust. Im Land von Jesus wird an die Gräueltaten unserer Vorväter gedacht. Krass! Ich schäme mich zutiefst für diese Vergangenheit unseres Landes! Diese Minute dauerte eine gefühlte Ewigkeit. Gott zeigte mir hier, wie behütet ich doch in Deutschland aufgewachsen bin! Preist den Herrn!

Anschließend ging es mit dem Bus zum Gazastreifen. An der Grenze angekommen, stiegen alle aus und schauten und fotografierten nach Palästina. Doch dann kam ganz hektisch ein Jeep angebraust und machte uns verständlich, sofort das Gebiet zu verlassen. Man habe auf der Gegenseite Bewegun-gen gesehen. Scheinbar waren wir auf Sperrgebiet. Alle in

33

den Bus und nix wie weg! Auch hier spürte ich, dass Gott seine schützende Hand über uns hatte. Halleluja!

Dann endlich Abend, Übernachtung in Sade. Abendessen und endlich ins Bett! Doch mein Bettnachbar hatte einen extrem mittelstarken Schnarchstil! Es war für mich unerträglich. Ich steckte mir Klopapier in die Ohren, zog mir das Kopfkissen über den Kopf, ja, selbst in der Dusche versuchte ich zu schlafen. Keine Chance! Ich musste aus dem Zimmer! Nachts, um 24 Uhr, zog ich meine Matratze mit Bettzeug ins Freie und übernachtete draußen. Herrliche Luft, 20 Grad, alles ok! Aber dann: In der Nachbarschaft krähten zirka sechs bis sieben Hähne um die Wette. Alle drei bis fünf Sekunden. Sie klangen schon voll heiser! Dann noch ein Esel. Wie er blökte! Gänsegeschnatter dazwischen. Und diverse Krähen gaben auch noch ihren Senf dazu. Das gibt es doch nicht!, dachte ich. Was mach ich hier – mitten in der Nacht?

Dies ging von 0.30 bis 6.00 Uhr in der Früh ununterbrochen durch!! Ich betete und schlief ein. Wachte aber alle zwei Stunden auf und hörte, wie die Hähne ohne Unterlass die ganze Nacht durchkrähten. Unglaublich! Hab dies dann auch als Beweis mit dem Handy aufgenommen, weil mir das sonst niemand glauben würde!

Aber trotzdem war ich in der Früh voll ausgeschlafen. Komisch! Warum Gott dies zuließ, weiß ich nicht! Aber ich fühlte mich zu jeder Sekunde behütet. Am nächsten Tag erfuhr ich, dass es hier giftige Spinnen, Skorpione und viele giftige Schlangen gibt und es schon gefährlich sei, im Freien zu schlafen. Tja, auch hier hat mich mein Schöpfer behütet! Halleluja! Ich vertraute vollkommen meinem Gott!

Und weiter ging es zum Ramon-Krater, nach Jericho, Baden im Toten Meer, Übernachtung in Bethlehem.

Dann abends im Hotel, 53 Männer. Man hörte Lebensgeschichten, Zeugnisse, Schicksalsschläge und auch Probleme, die manche mit sich herumschleppen. Ich wollte helfen, aber wo steht jetzt wieder was in der Bibel? O Nein! Von den einfachsten Sachen wusste ich nicht, wo sie standen! Ich dachte mir nur, *warum bin ich hier?*

Nächster Tag dann: Ölberg, Klagemauer, dann den Palm-sonntagweg runter zum Garten Gethsemane, in dem Jesus vor seiner Gefangennahme betete; sogar sein Angstschweiß war laut Bibel voll Blut! Ein besonderer Spirit lag in der Luft. Alle wurden ruhig und keiner redete mehr, und als wir uns alle hingesetzt hatten, brach aus Michael Stahl alles raus, was ihn belastete. Und unter Tränen gab er von seinem Leben Zeugnis. Aus tiefstem Herzen! Ich spürte, wie meine Tränen unter der Sonnenbrille herunterkullerten. Es war zutiefst be-rührend. Tom sang darauf noch Amazing Grace und ich hatte am ganzen Körper Gänsehaut.

Gott war ganz nah bei uns und ich spürte, dass Gott mich und uns alle liebt. Ich wollte Michael mit einem Bibelvers trös-ten. Mit welchem? Ich wusste keinen so hundertprozentig. Oder sollte ich ihn einfach nur mal umarmen? Ich wusste es nicht und wieder dachte ich: *Was mach ich hier?* Was möchte Gott mir da zeigen?

Weiter ging es durch die Altstadt von Jerusalem, Golgatha, Gartengrab mit anschließendem Abendmahl. Hier konnte ich Jesus nochmals für alles danken, loben und preisen! Wir ge-nossen alle diese Ruhe. Man spürte, dass unser Herr mitten unter uns war! Und wieder fragte ich mich: *Wo steht jetzt*

In der Via Dolorosa

wieder was in der Bibel über das Abendmahl? Ich stöberte in meiner Bibel und notierte mir die Stellen auf.

Am nächsten Tag besuchten wir die Holocaust-Gedenkstätte Yad Vashem. Was ich da sah, war schlimmer und grausamer, als ich erwartet hatte. Was doch Menschen anderen Menschen antun, nur weil irgendwelche Führer es anordnen. So viele auseinandergerissene Familien, Schicksale und Leiden ... Unglaublich. Wie behütet sind wir doch in unserem Land!

Dann wurde mir bewusst (Schock!): Es waren unsere Vorfahren, Urväter, Opa, Uropa ... O nein! Ich musste mich fast übergeben! Was für eine kranke Welt! Das ganze Leid der Väter, Mütter, Kinder! Ich hatte Tränen in den Augen! Schlimm! Es gibt dafür einfach keine Worte ...

Ich betete und dankte Gott dafür, dass ich und meine Familie, meine Kinder es so gut haben! Da merkte ich, dass Gott mir zeigen wollte, dass wir oft auf hohem Niveau jammern und mit dem zufrieden sein sollten, was wir haben. Denn alle Fülle ist in unserem Herrn zu finden, sonst nirgends!

Am Nachmittag hatten wir das Glück, den ehemaligen Obersten Richter von Israel zu treffen. In einem Vorlesungssaal im Gerichtsgebäude durften wir ihm verschiedene allgemeine Fragen stellen. Und wie Gott es wollte, durfte ich ihm die letzte Frage stellen. Ich fragte: *„Ist Jesus Christus auch für Sie am Kreuz gestorben?"* Er ging zwei Schritte zurück und sagte: *„Bitte wiederholen Sie die Frage!"* Ich wieder: *„Ist Jesus Christus für Sie am Kreuz gestorben?"* Ich wollte nur wissen, ob er ein wiedergeborener Christ ist! Also ein Ja oder ein Nein. Aber er antwortete mit Gegenfragen! Uff! Damit hatte ich nicht gerechnet! An seinen Fragen erkannte ich, dass er Jesus nicht in seinem Herzen hat! Ich war mir unsicher mit meinen Antworten und konnte nicht dagegen argumentieren. Ich konnte den Herrn Jesus Christus nicht verteidigen. Was für ein Armutszeugnis für einen Christen. Seit sechs Jahren wiedergeboren, aber wie ein Baby-Christ unterwegs. Sagte Paulus nicht, zieht eure Waffenrüstung des Glaubens an? Wo stand das wieder? Wieder die Frage: *Was mach ich hier, was möchte Gott mir zeigen?*

Die Reise ging weiter durchs Heilige Land, nun zum Jordan, wo sich elf von uns taufen ließen, acht davon hatten sich vorher auf der Reise bekehrt. Wow! Was für ein Wunder! Wenn sich ein Mensch bekehrt, wird er eine neue Kreatur! Das Alte ist vergangen, siehe, es ist alles neu geworden, so steht's in der Bibel. Aber wo genau? Und wieder dachte ich mir, *was will mir Gott damit zeigen?*

Weiter ging's zum Berg der Seligpreisungen, nach Dalmanut, Kapernaum, zum See Genezareth mit Bootsfahrt, nach Cäesarea. Zum Abschluss noch ein Essen in Jaffa. Es war so eine tolle Harmonie unter uns! Einfach eine gesegnete Zeit! Dann ging es wieder zurück nach Deutschland ...

Es war eine so behütete Zeit und eine tolle Männertruppe! Die Lebenszeugnisse untereinander, das Land Israel – wunderschön! Die Dörfer, Städte, Sehenswürdigkeiten. Die ganzen verschiedenen Kulturen, die Menschen, das Klima, das Essen – alles sehr beeindruckend für mich! Einfach phänomenal!

Ich danke Gott dafür, dass ich die Männerreise miterleben durfte, und für meine Erkenntnis daraus. Ich weiß jetzt, was mir Gott mit dieser Reise aufzeigen wollte: Ich bin zwar wiedergeborener Christ, aber ich kenne mich mit der Betriebsanleitung Gottes kaum aus! Die Betriebsanleitung Gottes ist die Bibel! Gott möchte, dass ich sein Wort lese und damit dann mir und anderen Menschen helfe. Da muss ich halt auch wissen, wo was steht. Oder was Gott mir damit sagen möchte.

Petrus in 1. Petrus 3,15: *„Seit immer dazu bereit, denen Rede und Antwort zu stehen, die euch nach eurem Glauben und eurer Hoffnung fragen."*

Bei jedem Handy büffeln wir in der Anleitung, damit wir es richtig bedienen können. Genauso sollten wir mit Hingabe in der Bibel (Gottes Wort) stöbern, um zu erkennen, wo und wie und was wir sagen, und wie wir helfen und reagieren sollen. Nur so kann man auch anderen Menschen helfen. Es ist auch unsere Pflicht und unser Auftrag, das Wort Gottes weiterzugeben.

Das Mittelmeer

Paulus in Römer 1,16: *„Ich schäme mich des Evangeliums von Christus nicht, denn es ist eine Kraft Gottes, die da selig macht alle, die daran glauben."*

Hier noch eine Veranschaulichung: Wenn du einen Fünfzigeuroschein hast und wissen möchtest, ob er echt ist, musst du wissen, wie ein echter Fünfzigeuroschein aussieht! So ist es mit der Bibel. Dir können viele Leute etwas über Gott und Jesus erzählen, aber wenn du das Original nicht kennst, wirst du falsche Lehre von der richtigen Lehre nicht unterscheiden können. Darum sagte Paulus: *„Legt die Waffenrüstung Gottes an, damit ihr gegen die Machenschaften des Teufels standhalten könnt!"* (Epheser 6, Vers 11)

Hier der Auftrag eines jeden Christen: Paulus in 2. Korinther 5, Vers 20: *„Wir sind also Gesandte an Christi statt, und Gott ist es, der durch uns mahnt. Wir bitten an Christi statt: Lasst euch mit Gott versöhnen!"*

Uwe Wolf

■ Der freundliche FRANZ

Das war eine besondere Männerreise, auf der ich mein Zuhause finden durfte. Eigentlich ist das schöne Allgäu mein Zuhause, hier in einer wunderbaren Natur zwischen Bergen und Wiesen. Zumindest war das mein Denken in den letzten 49 Jahren. Heute weiß ich, dass es Zuhause und wahre Liebe nur in Jesu Nähe gibt. Ich möchte dich mit auf meinen Weg hin zu Gottes Herz nehmen.

Als viertes Kind von fünf geboren, fühlte ich mich in meiner Familie nie wirklich zu Hause, geliebt und angenommen. Ich war der Außenseiter. Vielleicht stellte ich mich selbst in diese Rolle, doch es gab auch keine Hand, die mir entgegengestreckt wurde.

Wenn die Familie auf Reisen ging, nahm ich mich raus und hütete die Schafe – stets mit dem Gefühl, nicht gewollt zu sein, so wie ich bin, nicht richtig zu sein. Ich erlebte Mobbing und vieles, vieles mehr, über das ich heute noch nicht sprechen kann. Meine Eltern schämten sich für mich, ich spürte es jeden Tag, und es wurde mir auch immer wieder gesagt. Niemand glaubte an mich.

Nach der Schule machte ich eine Ausbildung zum Karosseriebauer mit Abschluss. Und wieder: Keiner feierte mich. Dann heiratete ich, um das Gefühl gebraucht und geliebt zu werden zu erleben, bekam zwei wunderbare Söhne – und meine Ehe zerbrach, da ich keine wahre Liebe in mir hatte und nur das geben konnte, was ich erfahren hatte. Und wieder: Ich wurde verlassen.

An diesem tiefen Punkt meines Lebens fiel ich in Gottes Hand, ohne zu wissen, dass es Gottes Hand war. Er schickte mir die Liebe meines Lebens. Es gab nichts zu beweisen. Sie war Christin und nahm mich mit in ihre Freie Evangelische Gemeinde. Anfangs ging ich mit, um zu gefallen. Doch schnell erfasste

39

mich Gottes Liebe Stück für Stück. Und obwohl meine Liebe zu ihr nicht erwidert wurde, füllte Gott mich mit seiner Liebe.

Jahre zogen ins Land und durch Petra lernte ich Michael kennen. Durch ihn erkannte ich noch einmal ganz neu Stück für Stück meinen Wert, meine Identität in Gott. Hier erfuhr ich auch von der Männertour. Als mein „Engel" davon hörte, motivierte sie mich mitzufahren. Mein Zögern und all meine Einwände ließ sie nicht gelten. Sie gab nicht auf, und dafür bin ich sehr dankbar!

Somit kam es, dass „ICH, FRANZ", heiligen Boden betrat. In Israel spürte ich vom ersten Moment an eine besondere Gemeinschaft – nein, viel mehr: eine ganz besondere Gemeinschaft. Ein Füreinander-Einstehen, wie ich es nicht kannte, vor allem nicht unter Männern! Sie wuchs noch von Tag zu Tag, das musst du einfach erlebt haben! Auf den Spuren Jesu

Hirte im Gazastreifen

wurden unsere Herzen geöffnet und Ängste besiegt. Männerfreundschaften der ganz besonderen Art entstanden; ich fühlte mich so wohl und angenommen! Meine Angst und Sorge, nicht zu genügen, kam hier nicht zum Tragen.

Jesus, mein Retter, Heiler und Freund, der mich trägt und immer getragen hat, er war es, der mir den Mut gab, immer wieder aufzustehen und weiterzumachen. Das wurde mir hier, zwischen dem See Genezareth und dem Gazastreifen, bewusst. Kein Mensch, keine Medaille, kein ... Nein! Mein Freund Jesus ist es!

An einem der Tage, auf dem Heimweg in unser Hotel, gerieten wir in eine Straßenschlacht. Anfangs registrierte ich die Gefahr gar nicht. Rechts von uns sah ich Kriegsreporter in kugelsicheren Westen, die sich mit ihren Kameras hinter einem Auto versteckten. Erst dann nahm ich links vom Bus brennende Mülltonnen wahr. Junge Männer – mit Steinen und brennenden Flaschen bewaffnet – lieferten sich eine Schlacht mit dem Militär. Und wir standen mittendrin – eine brenzlige Situation! Unser Busfahrer setzte den Bus rückwärts aus der Seitengasse in Sicherheit.

Trotz der gefährlichen Lage, fühlte ich mich sicher wie in Abrahams Schoß. Ich fühlte mich von Gott behütet. Das erfuhr ich schon am Gazastreifen – ein erlösendes Gefühl! Eigentlich verständlich, wenn man in so einem Moment Angst bekommt. Aber es war keine da! Einfach keine Angst! Beim Schreiben kommt mir dazu Matthäus 16,25: *„Wer an seinem Leben hängt wird es verlieren, wer es verliert um meinetwillen wird es finden."*

Bei unseren abendlichen Zusammenkünften im Hotel hörte ich die Lebensgeschichten meiner Brüder. Einige von uns übergaben ihr Leben Jesus. Ich spürte es wie einen inneren *Zwang*, aufzustehen und mein Leben zu übergeben. Ich – der nichts mehr hasst, als vor Menschen zu sprechen, und dann auch noch mehr als zwei Worte – stand vor 52 Männern auf und übergab mein Leben Jesus.

Der Wunsch, es fester und verbindlicher zu machen, wuchs in mir, und ich entschloss mich zur Taufe im Jordan. Sie sollte mein JA zu GOTT sein. Ich wollte meine Kindertaufe bestätigen. Es war die bewusste Entscheidung, die ich jedoch im Herzen schon mit nach Israel gebracht hatte: mein altes Leben hinter mir zu lassen und als neuer Mensch mit Jesus zu gehen.

Freitagvormittag fuhren wir gemeinsam zur Taufstelle *Kasser EL Yahud*. Am Morgen war ich aufgeregt und angespannt, aber mit jedem Schritt näher zur Taufstelle wurde ich ruhiger. Als ich im Wasser stand und Gerhard und Helmut ihre Hände auf meine Schultern legten und den Taufspruch sagten, war ich zwar gespannt, aber gleichzeitig in der inneren Zufriedenheit, genau das Richtige zu tun. Als sie mich untertauchten und ich wieder aus dem Wasser hochschoss, befreit und belebt, wusste ich: Etwas Neues beginnt!

Wir fuhren weiter zum See Genezareth, hier machten wir eine Bootsfahrt mit Daniel, dem gläubigen Kapitän. Lobpreis auf dem See Genezareth, nach diesem Erlebnis der Taufe und mit dem Gefühl, Jesus sitzt mit uns im Boot: So nah fühlte ich mich Jesus noch nie. Es war so überwältigend! Es fällt mir schwer, es in Worte zu fassen. Als wir den Motor ausmachten, die Wellen spürten und den Bibeltext hörten, fühlte ich mich 2000 Jahre zurückversetzt.

Die Reise war ein Erlebnis, das ich nicht missen möchte! Zum einen habe ich jetzt Bilder zu den Orten, von denen ich in der Bibel lese. Es verbindet und lässt mich das Gelesene noch anders verstehen. Zum andern durfte ich erfahren, wie sich Freundschaften entwickelten, Männer sich trösteten, sich gegenseitig in den Armen lagen, miteinander lachten und Spaß hatten und auch das Schwere teilten. Jederzeit ein offenes Ohr, eine ausgestreckte Hand, die immer da war. Und das Wissen, dass Schwäche dich nicht zum Schwächling macht!
Das ist Liebe und Freundschaft, die nur durch Jesus möglich ist. Und ich durfte erfahren, dass es in Jesu Nähe keine Angst gibt!

Franz Heinzelmann

Auf dem Weg zur Klagemauer

■ JOHNNY, der 53.

„Herzlichen Glückwunsch, Johnny. Du bist jetzt ein neuer Mensch geworden!" Von überall her kamen Leute auf mich zu und umringten mich, nachdem ich in einem Nebenraum ein Gebet nachgesprochen hatte, um Jesus in mein Leben aufzunehmen. *„Die spinnen doch alle!"*, dachte ich mir. *„Ich bin kein neuer Mensch. Ich bin immer noch derselbe. Nichts hat sich verändert. Ich will nach Hause!"* Was dachten sich diese Leute in der Gemeinde in Toronto eigentlich? Meinen die vielleicht, sie wären bessere Christen als ich?

Ich komme aus dem Heiligen Land. Aus Bethlehem. Dort bin ich geboren und aufgewachsen. Doch irgendwann hatte ich das Leben in meinem Heimatland einfach satt. Ich war müde von den politischen Problemen und den gewalttätigen Auseinandersetzungen zwischen Israelis und Palästinensern. Mein Leben als Schmuckverkäufer in Bethlehem befriedigte mich nicht mehr. Viele meiner Bekannten und Freunde wanderten damals aus, und auch ich suchte nach etwas Neuem. Weil ich jahrelang an einem Schüleraustausch teilgenommen hatte, wollte ich eigentlich nach Deutschland gehen. Doch es kam alles anders.

Mein Bruder war damals als griechisch-orthodoxer Priester in Kanada und betreute dort eine arabische Gemeinde. Er lud mich mit den Worten ein: *„Ich habe hier eine große Gemeinde. Da findest du bestimmt ein Mädchen, das du heiraten kannst!"* Innerhalb kürzester Zeit bekam ich ein Visum, packte meine Koffer und setzte mich in ein Flugzeug.

In meiner ersten Woche in Kanada ging ich in die Innenstadt nach Toronto. Auf der Straße sangen junge Leute und verteilten Einladungen. Sie sahen aus wie Araber. Ich ging auf sie zu und fragte sie, woher sie kommen. Einer sagte aus Jordanien, einer aus dem Libanon, ein anderer kam aus Syrien. Ich war total begeistert. Unter all den Leuten in dieser großen

Stadt traf ich Menschen, die meine Sprache sprachen. Das war ein Stück Heimat für mich. Ich kam mit ihnen ins Gespräch und sie luden mich in ihre Gemeinde ein. Niemals zuvor hatte ich solch einen Gottesdienst erlebt. Ich spürte, hier war irgendetwas anders. Hier herrschte Freude und Begeisterung. Die Lieder, die Predigt, die Zeugnisse: Alles war so lebendig. Und zum ersten Mal verstand ich, dass Jesus Christus nicht nur für die ganze Welt im Allgemeinen, sondern auch für mich ganz persönlich gestorben ist. Meine Bekehrung fand ich allerdings irgendwie enttäuschend. Ich hatte ein übernatürliches Erlebnis erwartet! Doch nach meinem Gebet fühlte ich nicht, dass irgendetwas Besonderes mit mir geschehen war.

Als mich ein Mitarbeiter an jenem Abend von der Gemeinde nach Hause fuhr, fragte er mich, ob ich eine Bibel hätte. *„Ich habe keine"*, antwortete ich, *„aber mein Bruder, der Priester, der hat bestimmt eine."* Und tatsächlich, mein Bruder gab mir ein kleines Neues Testament. Noch am selben Abend begann ich, darin zu lesen. Dabei machte ich die erstaunliche Entdeckung, dass die Bibel zu mir sprach. Das waren auf einmal nicht nur irgendwelche Geschichten, die ich aus dem Religionsunterricht kannte, sondern Gott sprach mich persönlich an. In den nächsten Wochen las ich das Neue Testament mehrmals durch. Als ich nach einigen Monaten auf mein Leben zurückblickte, stellte ich fest, dass ich wirklich ein neuer Mensch geworden war. Ich hatte mich total verändert. Die Bibel sagt: *„Ist jemand in Christus, dann ist er eine neue Kreatur. Das Alte ist vergangen, siehe, es ist alles neu geworden!"* (2. Korinther 5,17) Genau das erlebte ich. Ich staunte, wie Jesus mich neu gemacht hatte.

Nach sechs Monaten war mein Visum abgelaufen und ich musste das Land verlassen, um ein Arbeitsvisum von außerhalb des Landes zu beantragen. Ich hatte ein Rundreiseticket, das Flugzeug landete in Brüssel. Da dachte ich mir, warum soll ich nicht ein paar Tage nach Deutschland fahren und die Familien besuchen, die ich vom Jugendaustausch her kenne? Ich kam nach Deutschland und wohnte bei einer alten Frau, die eine Hühnerfarm besaß. Einige Jahre vorher hatte ich schon während des Jugendaustausches bei ihr gewohnt. Diese Frau war gläubig. Ich fing an, ihr von meiner Bekehrung zu erzählen. Sie sagte: *„Johnny, du brauchst mir gar nichts zu erzählen. Ich spüre, dass du ein anderer Mensch geworden bist."*

Kurze Zeit später fragte mich die Frau, ob ich für längere Zeit bei ihr bleiben könne, um die Hühnerfarm zu führen. Sie war krank und brauchte dringend eine Kur. *„Ich bezahl dir dein Ticket, wenn du ja sagst!"* So wurde ich plötzlich für ein paar tausend Hühner verantwortlich. Ich musste sie füttern, ausmisten, Eier suchen, Eier sortieren und zum Wochenmarkt fahren, um die Eier zu verkaufen!

Als die Frau aus der Kur zurückkehrte, fuhren wir Anfang des Jahres 1987 in eine kleine Gemeinde, nicht weit von ihrem Wohnort entfernt. Es war Allianzgebetswoche, und während ich betete, sah ich meine heutige Frau. Es war Liebe auf den ersten Blick. Wir trafen uns fast jeden Tag, und nach einigen Monaten entschieden wir uns zu heiraten. Nur kurze Zeit nach unserer Hochzeit absolvierte ich eine Kurzbibelschule am Bodensee. Danach gingen meine Frau und ich gemeinsam an die Bibelschule Wiedenest, wo ich eine dreijährige Ausbildung begann.

Während der Bibelschulzeit arbeitete Gott sehr stark an unserem Leben. Wir bekamen im Unterricht viele Missionsinformationen. Ich dachte immer wieder an meine Heimat und dass die Leute, die dort leben, Jesus eigentlich überhaupt nicht kennen. Gleichzeitig erinnerte ich mich an einen Ältesten aus der Gemeinde in Toronto, der mir einmal gesagt hatte: *„Eines Tages wirst du zu deinem Volk zurückkehren und ihnen die frohe Botschaft verkündigen!"* Mein Herz schlug mehr und mehr für mein Volk.

Nach der Bibelschulzeit bewarben wir uns bei der Deutschen Missionsgemeinschaft, heute *DMG interpersonal e. V.*, in Sinsheim. Nach einer Vorbereitungszeit wurden wir im Oktober 1992 in meine Heimat nach Beit Jala ausgesandt. Inzwischen hatten wir vier Kinder bekommen, die damals zwischen 4 Monaten und 4,5 Jahren alt waren.

Ich hatte noch viele Kontakte in der Stadt, und jeden Tag kamen Freunde und Verwandte zu uns nach Hause, um mich wiederzusehen. Die Leute waren erstaunt, weshalb ich überhaupt zurückgekommen war. Sie konnten nicht verstehen, dass mich die politischen Unruhen der 1. Intifada (Aufstand der Palästinenser gegen die israelische Militärbesatzung) nicht davon abhielten, mir gemeinsam mit meiner Familie hier ein neues Leben aufzubauen. Ich erzählte meinen Besuchern immer wieder, wie Jesus mein Leben in Kanada verändert hatte und was der wahre Grund meiner Rückkehr war. Die Menschen waren sehr neugierig und auch sehr offen. Viele waren auf der Suche nach etwas Neuem. Sie hatten die vielen politischen Versprechungen satt, von denen sie immer wieder enttäuscht worden waren. Ich fing an, mit den Leuten die Bibel zu lesen. Schon bald trafen wir uns mit einigen regelmäßig zum Bibelstudium bei uns zu Hause. Ich gab Religionsunterricht an einer örtlichen Schule und lernte auf diese Weise viele junge Leute kennen. Aus diesen Kontakten entstand sehr schnell ein Jugendkreis, der sich jede Woche traf. Außerdem hielten wir Kinderstunden, zuerst in dem Haus einer deutschen Missionarin und später dann in unserer eigenen Wohnung.

Mit der Zeit wurde das Ganze bei uns Zuhause ziemlich viel. Wir beschlossen, uns öffentliche Räume für die Arbeit zu suchen und begannen dann im Oktober 1996 mit einer kleinen Teestubenarbeit im Zentrum unserer Stadt. Schon damals nannten wir uns *Beit Al Liqa'* (Haus der Begegnung). Die Teestube wurde ein Treffpunkt für junge Männer, die irgendwo gelangweilt an den Straßenecken herumhingen, und für Mädchen, die in unserer Kultur ihre meiste Zeit zu Hause verbringen. Das Zentrum wurde ein Ort, an dem man einfach mit den Leuten ins Gespräch kam, an dem wir unsere Kinder-, Bibel- und Jugendstunden hielten, Vortragsabende und Konzerte veranstalteten und einfach offen für Begegnungen sein wollten.

Die Arbeit wuchs sehr schnell. In einer Bekehrungswelle, die um die Weihnachtszeit 1997 begann, kamen über 60 junge Leute zum lebendigen Glauben an Jesus Christus. Zu unseren wöchentlichen Kinderstunden kamen um die 100 Kinder. Zu besonderen Kindertagen waren es 250 bis 300. Wir übernahmen eine Kindertagesstätte und führten in den Sommerferien vierwöchige Kindercamps mit um die 60 Kindern durch. Aber es gab auch Gegenwind. Leute wollten uns aus der Stadt vertreiben, weil sie dachten, wir seien eine Sekte. Priester, darunter mein eigener Bruder, der inzwischen aus Kanada zurückgekehrt war, warnten vor uns und bekämpften mich. Doch die Arbeit wuchs weiter und schon bald platzte das *Beit Al Liqa'* aus allen Nähten.

Im April 2000 kauften wir ein etwa 3000 Quadratmeter großes, wunderschönes Grundstück im Herzen von Beit Jala. Hier sollte nun das neue *Beit Al Liqa'* entstehen. Ein Gebäude mit vielen Möglichkeiten und einem großen Kinderspielplatz für die Kinder aus der ganzen Umgebung. Doch noch im selben Jahr brach die Al-Aksa-Intifada aus, der zweite Aufstand der Palästinenser gegen die israelische Militärbesatzung. Fast zwei Jahre lang lebten wir im Krieg. Viele Häuser unserer Stadt wurden zerstört, einige Menschen verloren sogar ihr Leben.

Damals legte uns unsere Mission nahe, das Land zu verlassen. Doch wir wussten, dass wir bleiben sollten. Es war die bisher schwerste Zeit unseres Lebens. Oft flogen Kugeln um unser Haus, sodass wir in unserer Wohnung nur noch auf allen Vieren kriechen konnten, um nicht getroffen zu werden. Die Bombeneinschläge waren manchmal so nahe, dass unsere Fensterscheiben vibrierten. In solchen Nächten saßen wir als Familie zusammengekauert in einer Ecke und beteten um Bewahrung.

Mich zog es ständig hinaus zu den Menschen. Ich wollte ihnen helfen und brachte mich dabei oft selbst in Gefahr. Einmal wurde mein Auto von einer Rakete getroffen, nachdem ich gerade ausgestiegen war. Doch Gott schenkte Bewahrung. Wir starteten verschiedene Hilfsaktionen, verteilten Lebensmittel, ersetzten zerschossene Fensterscheiben und Wassertanks und halfen im medizinischen Bereich.

Und mitten in dieser schwierigen Zeit hörte ich Gottes Stimme, die mir befahl, jetzt mit dem Bau des neuen Zentrums zu beginnen. Damals besuchte mich ein deutscher Freund, dem ich das Gelände zeigte und ihm von meinen Bauplänen erzählte. *„Johnny, es ist Krieg. Du kannst jetzt unmöglich bauen!"*, sagte er mir. *„Warum nicht?"*, fragte ich. *„Das ist genau die richtige Zeit zum Bauen. Wenn auf der einen Seite der Stadt Häuser zerbombt werden, dann bauen wir hier auf der anderen Seite ein Haus zur Ehre Gottes und als Hoffnung für die Menschen!"*

Und so geschah es dann auch. Während am Stadtrand Richtung Jerusalem die Kämpfe zwischen palästinensischen Extremisten und dem israelischen Militär weitergingen, begannen wir im Oktober 2001 in der Stadtmitte von Beit Jala mit dem Bau des neuen Zentrums. Wir heuerten viele Männer als Tagelöhner an. In einer Zeit, in der nur wenige Menschen Arbeit hatten, bekamen diese Männer an jedem Samstag ihren Lohn auf die Hand und waren unendlich dankbar, dadurch ihre Familien versorgen zu können.

In nur einem Jahr wurde das vierstöckige Gebäude im Rohbau fertiggestellt. Zu der Zeit hatte das israelische Militär unsere Stadt wieder besetzt und es gab insgesamt 168 Tage Ausgangssperre. Doch obwohl eigentlich niemand sein Haus verlassen durfte, wurde bei uns gebaut. Wir erlebten ein Wunder nach dem anderen, um überhaupt das Material zu bekommen. Das gab es nicht alles in der Provinz Bethlehem. Die Steine kamen z. B. aus der Nähe von Hebron. Dort war keine Ausgangssperre, doch als der Lkw in Beit Jala ankam, stand er vor einem geschlossenen Checkpoint. Die Zufahrtstraßen waren mit großen Betonklötzen gesperrt. So rief der Fahrer an und sagte: *„Johnny, wenn ich die Steine jetzt wieder mitnehme, wird das teuer. Also, überleg dir was!"* Ich besorgte einen leeren Lkw, stellte ihn auf die andere Seite der Straßensperre und ließ die Steine mit einem Kran umladen. Als wir noch mitten bei der Arbeit waren, kam auf einmal das israelische Militär. Ein Soldat stieg aus dem Jeep und war entsetzt darüber, was wir hier in der Ausgangssperre taten. Doch ich trat ihm entgegen und sagte: *„Ich brauche diese Steine unbedingt. Ich baue ein Haus für Gott!"* Der Soldat schaute mich ungläubig an. So etwas hatte er wahrscheinlich noch nie gehört: Ein Haus für Gott! Was ist das denn für ein Blödsinn?! *„Sieh zu, dass du fertig wirst und verschwindest, bevor dich noch jemand anders hier sieht!"*, befahl er mir.

Ein anderes Mal stand ich wieder an der gesperrten Straße und wartete auf eine Ladung Metall. Es war um die Osterzeit 2002. In der Zeit wurde die Geburtskirche in Bethlehem vierzig Tage lang von palästinensischen Extremisten besetzt. Als ich so dastand und auf meinen Lkw wartete, fuhr auf einmal eine Kolonne von Militär- und Regierungswagen an mir vorbei. Schnell wurde mir klar, dass das eine Abordnung war, die zur Geburtskirche wollte, um mit den Besetzern zu verhandeln. In dem Moment kam mein Metalltransport an. Ich stieg in das Führerhaus und befahl dem Fahrer, dem Konvoi zu folgen. Als wir am Checkpoint ankamen, versuchte ich, die Soldaten dazu zu bringen, mich durchzulassen. Während ich noch am Diskutieren war, gesellte sich ein höherer Offizier

53 Männer

zu unserer Gruppe und hörte eine Weile zu. *„Johnny, Johnny! Du schon wieder!"*, mischte er sich ein. Ich traute meinen Ohren nicht. Woher kannte der Mann meinen Namen? *„Du erkennst mich wohl nicht?"*, fragte mich der Offizier und nahm seinen Helm ab. Da wusste ich, wer er war. Schon oft war ich ihm im Büro der israelischen Militärverwaltung begegnet. Doch hier hatte ich ihn nicht vermutet. *„Ich sehe dich die ganze Zeit, wie du während der Ausgangssperre herumfährst!"*, fuhr der Offizier fort. *„Und jetzt willst du mit diesem Lkw hier rein?"* Ich wusste nicht, was ich sagen sollte. Nach kurzem Hin und Her ging der Offizier ein paar Schritte weiter und nahm die Nagelkette von der Straße. *„Bitte schön!"*, sagte er und schaute mich freundlich an. *„Du darfst durchfahren!"* Was für ein Wunder!

Solche und ähnliche Situationen erlebte ich immer wieder. Gott öffnete mir viele Türen. Und er schenkte mir Gnade in den Augen der Israelis, sodass ich in den Zeiten der Ausgangssperre meine Arbeit tun konnte und mir nie etwas passiert ist.

Johnny mit Reiseleiter Helmut

SB Männer

Und während unser Gebäude weiterwuchs, erfüllte sich das, was Gott mir vor über einem Jahr gesagt hatte: Das Haus wurde zu einem Zeichen der Hoffnung für die Menschen! Viele waren zu der Zeit verzweifelt. Sie sagten: *„Ich habe die erste Intifada überlebt und jetzt ist hier richtig Krieg! Wie viele Jahre meines Lebens soll ich denn noch für den politischen Konflikt opfern? Ich habe keine Lust mehr! Ich wandere aus!"* Größtenteils waren es Christen, die diese Aussage machten. Sie meinten: *„Sollen sich doch die Moslems weiter mit den Israelis um dieses Land kloppen. Dieses Land gehört nicht mehr uns!"*

Doch wir haben mit dem Bau des Hauses eine Botschaft an die Menschen weitergegeben. Wir haben ihnen gesagt: *„Leute, die Intifada ist nicht das Ende! Wir haben eine Zukunft und wir bereiten uns jetzt schon auf diese Zukunft vor!"* Und Gott benutzte die schwere Zeit des Krieges damals, um die Grundlage für die Arbeit zu legen, die wir heute hier tun. Wenn uns zu Anfang viele Leute aus der Stadt vertreiben wollten, weil sie dachten, dass wir eine Sekte sind, so stehen heute unzählige Familien hinter unserer Arbeit und vertrauen uns ihre Kinder an.

Der Saal in Beit Al Liqa

Wir haben jetzt schon lange keinen Krieg mehr hier. Aber wir haben auch keinen Frieden! Doch wir versuchen, diese Zeit der Ruhe zu nutzen, um Menschen aus der ganzen Umgebung in unsere kleine Oase einzuladen. Durch Gottes Hilfe ist hier mitten in der Provinz Bethlehem ein Ort entstanden, an dem die Leute sich wohlfühlen und entspannen können. Ein Ort, an dem sie etwas Neues für ihr Leben lernen, an dem sie andere Menschen treffen können und vor allem – und das ist das Hauptziel unserer Arbeit – ein Ort, an dem sie Gott begegnen! Deshalb heißt unser Motto auch *„Menschen treffen – Gott begegnen!"*

Im Laufe der Jahre ist unser Zentrum ständig gewachsen und viele Arbeitsbereiche sind dazugekommen. Wir haben immer wieder Land dazugekauft, sodass wir jetzt insgesamt ca. 8000 Quadratmeter haben. Wir haben ein zweites Gebäude gebaut, in dem sich ein großer Innenspielplatz und ein Gästehaus mit über hundert Betten befinden. Außerdem haben wir eine Sporthalle und ein Schwimmbad. Vor einigen Jahren wurde unsere Kindertagesstätte erweitert, in der wir heute um die 80 Kinder betreuen. Wir veranstalten Kindertage und Camps, haben wöchentliche Teenagerstunden und eine wachsende Frauenarbeit. Durch unsere verschiedenen Angebote versuchen wir, die ganze Familie zu erreichen. Wir erziehen Kinder zum Frieden und lehren Frauen, wie sie ihr Leben nach Gottes Wort ausrichten. Wir begleiten Teenager auf ihrem Weg ins Leben und versuchen, für sie ein Vorbild im Glauben zu sein.

Es gibt immer noch viel Hoffnungslosigkeit und Verzweiflung in meiner Heimat. Immer noch sind die Herzen vieler Menschen von Wut und Aggression erfüllt. Die Mauer um die palästinensischen Gebiete, die sie vom Rest der Welt trennt, schränkt unser Leben ganz extrem ein. Weiterhin wandern viele Palästinenser aus. Sie haben hier in ihrer Heimat keine Perspektive für ihre Zukunft. Es macht sie wütend, dass sie sich in diesem Land nicht frei bewegen können. Sie haben das Gefühl, dass das Leben an ihnen vorbeigeht. Es fällt mir sehr schwer, Menschen fortgehen zu sehen. Doch ich kann sie auch verstehen! Wenn Gott mich nicht an diesen Ort berufen hätte, wäre ich auch schon lange nicht mehr hier!

Als Michael Stahl und Alexander Dimitrenko im April 2017 mit einer Männergruppe bei uns waren, kamen bei mir wieder Gedanken hoch, die mich schon seit Längerem beschäftigt hatten. Als mein Schwiegersohn Simon vor einigen Jahren nach Beit Jala kam, erzählte er mir, dass es sein Traum wäre, hier mit jungen Männern zu arbeiten, indem er mit ihnen ein Antiaggressionstraining macht. Und nun führte Gott eine Gruppe von Männern zu uns, die genau in dieser Arbeit stehen! Das kann doch kein Zufall sein!? Seit einigen Wochen sind wir nun schon am Überlegen und Beten, wie wir in unserem Zentrum neben den anderen Sportaktivitäten einen Bereich aufbauen können, in dem genau das an junge Männer weitergegeben wird. Wir finden es so wichtig, dass Menschen lernen, wie sie mit ihren Aggressionen umgehen können und wie Wut abgebaut werden kann. Wir denken, dass in diesem Rahmen eine ganz große Möglichkeit besteht, Herzen mit dem Frieden und der Liebe Jesu zu erreichen. Auch, wenn wir die äußeren Umstände in unserem Land nicht ändern können, möchten wir Menschen doch mit Gottes Hilfe eine neue Perspektive für ihr Leben aufzeigen! Bitte betet dafür, dass noch viele Palästinenser aus der Provinz Bethlehem gerettet werden!

Johnny Shahwan

■ FRITZ, ein guter Freund

Zuallererst möchte ich ein dickes Dankeschön sagen. Vielen Dank an unseren Reiseleiter, Busfahrer und alle Organisatoren. Ihr wart alle klasse!

Es war für mich eine ganz besonders wertvolle Reise, die meine Erwartungen voll übertroffen hat. Die überaus herzliche Gemeinschaft der 52 Männer untereinander, von denen sich nur wenige kannten, war wirklich beeindruckend und gleichzeitig sehr berührend.

Beim Schreiben dieser Zeilen fällt mir spontan der Psalm 133 (Vers1) ein, welcher dies genau auf den Punkt bringt: *„Sieh, wie fein und lieblich ist es, wenn Brüder in Eintracht beisammen sind …"*

Auch, wenn die Gespräche vom zeitlichen Rahmen her nicht mit allen Brüdern möglich waren, so spürte ich doch die Freundlichkeit, Herzlichkeit und den Respekt im Umgang miteinander.

Besonders tief berührt hat mich der Besuch im Garten Gethsemane. Ich war schon dreimal in Israel, hatte dort aber bisher nur den öffentlichen Bereich neben der Kirche kennengelernt, wo einige Ölbäume in einem eingezäunten Bereich zu sehen waren. Deswegen waren meine Erwartungen nicht so hochgeschraubt. Nun erfuhr ich, dass es noch einen privaten Bereich des Gartens gibt, in den wir eintreten durften.

Als ich diesen Bereich betrat, war ich sofort total ergriffen, denn genau so hatte ich mir den Garten Gethsemane vorgestellt. Jeder konnte ganz für sich sein und, an einem Ölbaum verweilend, in die Ruhe gehen. Als ich zu einem Baum ging, um dort für mich zu sein, spürte ich Gottes Gegenwart sehr deutlich. Ich fing an zu beten. Dabei kamen mir sofort Bilder in den Sinn, wie Jesus Christus hier mit seinen Jüngern war. Wie er im Gespräch mit dem Vater war und um die Annahme

"Lobpreisboot"
auf dem See Genezareth

des Kelches rang. Wie Jesus zu seinen Jüngern sagte, sie sollten wachen und beten, und sie dann schlafend vorfand. Dann Judas, der Jesus mit einem Kuss verriet. All diese Bilder haben mich tief bewegt, sodass mir die Tränen kamen. Als Tommy nach unserer späteren, gemeinsamen Andacht noch das Lied Amazing Grace sang, kam ein großer Frieden auf mich. Diese starke Begegnung mit Gott hat mich bis jetzt nicht losgelassen.

Ein weiterer Höhepunkt dieser Reise war die Bootsfahrt auf dem See Genezareth mit Daniel Carmel! Als wir auf dem Boot waren, wurde zuerst die deutsche Flagge gehisst und die deutsche Nationalhymne abgespielt. Auch das hat mich bewegt, dass wir als Deutsche in Israel unter dieser Flagge segeln durften. So geschieht Versöhnung, die wir durch Jesus Christus haben. Danach sang Daniel Carmel unsere bekannten

Lobpreislieder auf Hebräisch. Ein Glaubensbruder hatte den Eindruck, dass wir 52 Männer unsere Hände zu Gott erheben sollten, um Lob und Dank zu bringen. Das taten wir sofort. Bei dieser Bootsfahrt wurde ich ebenfalls so stark von Gott berührt, dass ich es nicht anders beschreiben kann als: „Ich spürte Gottes Gegenwart!"

Es gäbe noch viel zu schreiben, da wir als Gruppe jeden Tag besondere Zeiten hatten. Doch an diesen beiden, ganz persönlichen Erlebnissen möchte ich euch teilhaben lassen und segnen.

Vielen Dank für diese wertvolle Gemeinschaft, durch die ich Gott auf eine neue, tiefere Weise erleben durfte. Auch freue ich mich sehr über die Freundschaften, die auf dieser Reise entstanden sind.

Liebe Leser, seid wunderbar gesegnet in allen Bereichen eures Lebens! Ich sage dir noch einmal: „Sei mutig und entschlossen! Hab keine Angst und lass dich durch nichts erschrecken; denn ich, der Herr, dein Gott, bin bei dir, wohin du auch gehst!" (Josua 1,9).

Fritz Hafenscher

Beduinencamp

■ LUKAS,
der Lebensfrohe

ISRAEL – eine Reise, die für immer in meiner Erinnerung sein wird. Ich will davon erzählen – aus dem Leben, für das Leben, ins Leben.

Ich habe dort allerdings so viele Erfahrungen gesammelt, dass ich mit dem Aufschreiben nicht fertig werden würde. Es war ein Urlaub, der mein Leben von gerade mal 26 Jahren verändert hat. Aber das wusste ich erst danach.

In den folgenden Zeilen möchte ich Sie an meinen Gedanken teilhaben lassen, auch, wenn sie sich manchmal überschlagen. Ich bete, dass diese Gedanken, diese Emotionen und Bilder ein Segen für Sie sein dürfen.

Das erste Mal überhaupt besteige ich ein Passagierflugzeug. Mein Platz ist neben Alexander Dimitrenko (Profiboxer). Ich erzähle ihm, dass es mir eventuell sehr, sehr schlecht wird. Da legt er seine riesigen Arme auf meine Schulter und lächelt mich an – alle Angst ist verflogen. Ich fühle mich sicher, geborgen und angenommen, so wie ich bin. Obwohl wir noch auf dem Boden sind, fühle ich mich wie im Himmel. Angekommen im Heiligen Land (ganz ohne Übelkeit und Erbr ... ging es dann leider doch nicht), steigen wir aus dem Flugzeug in den Bus. Busfahren – oh nein! Mein Magen rebellierte schon bei dem Gedanken – und es sollten diese Woche noch viele Kilometer mit unserem tollen Wi-Fi-Bus zurückgelegt werden. (Über die Woche verteilt habe ich eine ganze Packung Reisekaugummis verbraucht.) Die Übelkeit will seit der Landung einfach nicht weg. Wie soll das nur werden?

Doch dann, im Biblischen Garten, Nähe Tel Aviv, beginnt der Urlaub. Jetzt kann ich aufatmen – endlich Natur und Grün. Das tut mir gut! Gott sei Dank! Dort höre ich von den Pflanzen, welche in der Bibel erwähnt werden, und staune über ihre

Bedeutung. Zirka 250 Hektar Park können viel erzählen. Doch wir sind gerade mal eineinhalb Stunden in diesem bewundernswerten Garten. Ich versuche, so viele Bilder wie möglich zu machen, um alles für die Heimat zu dokumentieren. In Deutschland habe ich noch nie von der Bedeutung dieser Pflanzen gehört. Wenn ich nun in Zukunft die Möglichkeit zum Predigen bekomme, möchte ich gerne davon erzählen.

Biblischer Garten

Ach ja, Heimat! Wie es wohl meiner schwangeren Frau mit unseren zwei größeren Mädchen geht? Wir sind gerade erst vier Wochen in unserem neuen Haus, haben eigentlich kein Geld für einen so teuren Urlaub nach Israel ... Doch hier spüre ich, dass es richtig war, dem Herzen zu folgen und nicht dem Verstand.

Es geht weiter nach Gaza: Verzweiflung – Hoffnung, Bangen – Leben, Krieg – Frieden, Terror – Antiterror – Hilfsangebot, Hilfeablehnung – Ruinen, daneben die geweißte Machtzentrale der Hamas. Davon hören wir, das sehen wir.

Innerlich habe ich dabei mein Herz vor Augen. Ich glaube, jeder hat sein Gaza – den Ort im Herzen, an den man niemanden ranlässt. Mein dunkler Fleck. Oh wie traurig, dass Gaza die Hilfe nicht annimmt. Oh wie schade, dass mein Männerherz sich an manchen Stellen so stur stellt...

Hier, in Gaza, wird mir klar, dass dies ganz sicher kein normaler Urlaub wird. Hier geht es um mehr als das, was man sieht. Hier geht es ans Eingemachte – mein Inneres. Wie leicht will man im Verstand anfangen zu urteilen – sei es über Israel oder Gaza. Wie schnell will ich mich politisch positionieren, schnell wieder alles in Schubladen stecken, damit ich *weitermachen* kann. Doch das geht nicht. Ich bleibe still. Nehme alles auf.

Unterdessen sind wir weitergefahren: Abrahams Brunnen in Beerscheba – beeindruckend. Ein Brunnen, eine Stadt, die nach so vielen Tausend Jahren immer noch erkennbar ist.

Und schon wieder weiter, zur ersten Übernachtung in unserem Kibbuz. Mitten in der Wüste eine blühende Siedlung. Beim Schreiben habe ich das Gefühl dort zu sein. Gerüche, Geräusche – dieses Land hat sich tief in mir eingeprägt! Als wir uns nach über vierundzwanzig Stunden hinlegen und zur Ruhe kommen wollen, hört man Helikopter am Himmel – oh krass, Gedanken schießen durch den Kopf, ein schnelles Stoß-

gebet, doch dann fallen die Augen zu... Das war der erste Tag. Nun ein paar Schlaglichter von den folgenden:

Die Fahrt zum Ramon-Krater: Steinwüste. Einfarbig zieht sie vor den Fenstern unseres Jeeps vorbei. Sehr vereinzelte, sehr verstaubte, braune Büsche. Blechhütten, Beduinen, Kamele, Schafe, Ziegen – alles hager. Plötzlich: GRÜN. Wie das? Grüne Plantagen, blühendes Land – ein Kibbuz. Landwirtschaft in der Wüste – dank Tropfschläuchen, eine israelische Erfindung, die mich, als Bauernkind, fasziniert.

Schon wieder vorbei. Es bleiben wieder nur Steine, Sand, Leere. Eine lange Fahrt, die mich trotzdem in den Bann schlägt. Wüstenleben. Ich frage mich: *Was ist meine Wüste? Ist es vielleicht das endlose Schauen von Filmen und Serien?* Zweifellos hat beides etwas gemeinsam: Es hält einen im Bann, doch wenn man es genau nimmt, ist beides leblos, fruchtlos, kahl und wüst.

Dreschplatz in Beerscheba

Angekommen am Ramon-Krater, trinke ich einen frisch gepressten Orangensaft. Ich habe das Gefühl, dass es eine unbekannte Frucht sein muss – dieser Geschmack scheint mir ganz neu. Mitten in der Wüste werden meine Sinne belebt. Es ist ein Aufatmen – ein Fest für den Gaumen. Das will ich nicht vergessen: In Wüstenzeiten sich grüne Oasen schaffen, die (alle) Sinne bewusst auf andere Dinge lenken, neu beleben. Es tut gut, es gibt Kraft.

Totes Meer und Jericho: Direkt auf dem Wasser sitzen und dabei Selfies machen – das geht nur auf dem salzgesättigten Wasser des Toten Meeres. Alles schwimmt oben, wie ein Korken. Eine ganz neue Erfahrung. Sand-Salz-Matsch auf der ganzen Haut – ein herrliches Gefühl. Meine Haut fühlt sich danach an wie nie zuvor – gut!

Jericho: Datteln. Zachäus' Maulbeerfeigenbaum. Eine Wassermelone für umgerechnet zehn Euro – aber die war lecker! Dazwischen lag eine Fahrt vorbei an Felsen und Tälern – Orte, von denen man in der Bibel schon oft gelesen hat. Nun sieht man sie mit eigenen Augen. Zum Beispiel fahren wir an der Höhle vorbei, in der David dem schlafenden König Saul heimlich von hinten ein Stück vom Gewand abgeschnitten hat. Diese Höhle ist nur einer der Orte, an dem das Alte Testament lebendig wird. Waren diese Bibelverse bisher manchmal trocken und öde, so habe ich nun persönliche Erinnerungen und Emotionen, die das Bibellesen neu beleben. Jetzt ist es nicht mehr nur das langwierige Lesen von Namensregistern, Orten und Pflanzen, von denen man keine Ahnung hat. Nach dieser Reise erlebe ich die Bibel viel intensiver. Die biblischen Orte öffneten mir das Herz und weckten die Sehnsucht, Jesus noch näherzukommen.

Westbank, Palästina: Egal, wie man dazu sagt, es bleibt ein Teil des Landes, das Gott im Alten Bund seinem Volk zur Verfügung stellte. Heute ist es in unterschiedliche politische Hoheitsgebiete gegliedert, seien es nun die A-, B-, oder C-Gebiete – man versucht dadurch den Nah-Ost-Konflikt so friedlich wie möglich zu gestalten.

Frieden – eines jeden Wunsch, egal, wo auf der Welt. Wir kommen auch nach Betlehem und lernen dort Christen kennen. Seit Jahren tun sie der Geburtsstadt Jesu Gutes. Sie dürfen aber nicht nach Jerusalem, noch nicht mal zum Shoppen; es wäre nur ein Katzensprung. Aber weil sie in Betlehem leben, sind sie im Land Israel nicht erwünscht. Das kann und will man im Kopf doch nicht verstehen! Sofort möchte man wieder urteilen und verurteilen. Warum lassen die nicht mal die Guten ins Land? Es sind zwei total verschiedene Welten.

Deutlich wird es daran, dass es in ganz Betlehem keinen offiziellen Kinderspielplatz gibt. Noch deutlicher wird es uns, als wir vom Tag der Wut hören. An diesem Tag bleiben die Schulen zu und die Kinder gehen auf die Straßen und lassen ihrer Wut freien Lauf. Niemand gebietet ihnen Einhalt. Jeder freut sich darüber, dass Kinder *„protestieren"*.

Warum ist Frieden so schwer? In diesem Nah-Ost-Konflikt positioniert sich jeder politisch. Aber die, die müssten doch ... heißt es von beiden politischen Lagern, immer mit dem Finger auf den anderen zeigend, ihm Vorwürfe machend. Anschuldigungen, die in einer emotionalen Verstimmung gegründet sind. Jeder bewertet die Schuld des Anderen größer als die eigene. So kann Frieden nicht zustande kommen, wenn ich nun sogar den Tag der Wut ausrufe.

Gerade die palästinensische Regierung scheint mir da sehr müde geworden zu sein. Zu müde, um sich um die Zukunft ihrer Kinder zu kümmern. Wenn Kinder sich selbst überlassen werden, entwickelt sich die Gesellschaft zurück. Werte gehen verloren, wenn Vorbilder fehlen. Erziehungslosigkeit ist ein Schritt in die Vergangenheit. Ich erlaube mir hier einen Gedanken als Erzieher: In den verschiedenen Entwicklungsschritten eines Kindes gebe ich ihm altersentsprechende Übungsfelder. Das Kind bewältigt diese unter der Begleitung von Eltern und Erziehern. Wenn ich als Vater „zu müde" bin, um meinen Kindern einen Anreiz zum Üben und Lernen zu geben, dann kommt der Tag der Wut, sowohl bei meinen Kindern, als auch bei mir – dann liegen alle Nerven blank.

Wie schön, dass das in Betlehem erzählt wird. Denn diese Stadt erzählt auch eine andere Geschichte: dass Jesus geboren ist, Gottes Sohn – sein Name: Ich bin für dich da. Ich wäre gern als Vater perfekt. Doch ich bin manchmal zu müde, wie die Stadt Betlehem. Jesus ist heute noch da. Heute hilft er mir, wenn ich zu müde bin. Er ist meine Kraft, wenn die Arbeit zu viel ist. Er ist mein Trost, wenn ich selbst meinen Erwartungen nicht gerecht werde. Er ist meine Vergebung, wenn ich versage, sei es nun als Ehemann, als Vater, als Kollege, in der Gemeinde. Ja, wenn ich mir sogar selbst nicht mehr treu bin – er kennt mich und liebt mich. ER ist mir gnädig.

Er zeigt mir nicht meine Schuld auf – das macht mein Gewissen. NEIN, er redet von mir und zu mir in Liebe. Er hat Zukunftspläne für mich. Er geht auf mich zu, wenn ich ihm den Rücken kehre. Er, und nur ER, hat die Lösung für den Nahen Osten. Diese heißt LIEBE. In dem christlichen Kindergarten und Freizeithaus in Betlehem wird diese Liebe gelebt (Haus *Beit Al Liqa'*). Was für ein Erlebnis es war, einen Tag dort im Kindergarten dabei zu sein. Wie gerne haben die Kids die Spiele von PROTACTICS gespielt. Es hat mir so viel Spaß gemacht!

Es gäbe noch viel zu erzählen, von der Altstadt Jerusalems, dem dortigen Bazar, dem See Genezareth, der Stadt Caesarea, Tel Aviv ...

Blick von Jaffa auf Tel Aviv

Auf den ersten Blick dachte man, der Urlaub wird keine Erholung. Doch im Rückblick, spätestens jetzt beim Schreiben, wird die Erholung spürbar. Es war ein Auftanken, ein Neuausrichten, ein Einblick ins Heilige Land. Und heilig ist es auf jeden Fall – gemessen an den Menschen, die bereit waren und sind, ihr Herz dem Wirken Gottes zu öffnen. Ich weiß, dass 52 Männer anders zurückkamen als sie hinreisten. Das zeigte unsere Feedbackrunde. Sie ging über zwei Stunden. Ich hörte von den anderen, wie Jesus auch in ihrem Leben ein Umdenken bewirkte. Jeder kann Jesus auch heute noch erleben, wenn er dazu bereit ist. *„Einfach mal raus"*, unsere Antennen auf Empfang stellen. Auf 4G, im LTE-Modus, ist ein Download der Liebe Gottes am besten.

Wenn ich bereit bin, ins Boot zu steigen, das Segel mit Wind füllen lasse – mich inspirieren lasse – zusammen mit Menschen, die mich wertschätzen, dann kann Gottes Segen fließen. Diesen Segen nehme ich mit nach Hause. Das ist weit mehr als die Souvenirs von meiner Reise.

Dazu hat sich noch ein Wunsch in meinem Herzen breitgemacht: Meine Frau (damals nur eine bekannte Freundin) hatte sich einmal auf Facebook zusammen mit ihrer Freundin einen Bauernhof gewünscht (teilweise nur zum Spaß). Ich versprach ihr, dass ich versuchen würde, ihr diesen Wunsch zu erfüllen. Nur, wie sollte das gehen? Schritt für Schritt hat sich vieles einfach ergeben. Am Anfang der Wunsch, dann Gebete. Und im Februar 2016 bekamen wir auf einmal einen Bauernhof geschenkt, von meiner Tante, der es im Gebet aufs Herz gelegt wurde, uns diesen Hof zu überlassen.

Genau hier, auf unserem Hof, möchte ich weitere Träume wahr werden lassen, zum Beispiel: Urlaub auf dem Bauernhof, Tiere versorgen, am Lagerfeuer Stockbrot grillen, Kanu fahren, Boxen/PROTACTICS (in einem richtigen STALL); einen Ort der Begegnung mit Menschen und Gott schaffen. Einen Ort der Annahme. Einen Ort der Freude. Einen Ort der Arbeit und des Lernens. Einen Ort, um sich inspirieren zu lassen, auf andere Gedanken zu kommen.

Eine grüne OASE im wüsten Alltag. Eins wurde mir bewusst: Jesus lebt nicht nur in Israel, sondern in jedem Herzen, das ihm Raum gibt – also auch hier in Deutschland, hier in Baden-Württemberg, hier an dem Ort, an dem ich lebe und arbeite. Jeder sollte die Möglichkeit haben, sich neu auszurichten. Manchmal muss dazu eine Reise her, und weil viele sich Israel nicht leisten können, wäre so ein kleiner Hof doch die Möglichkeit, Träume nach Liebe und Annahme wahr werden zu lassen. Nun will ich Schritt für Schritt weitergehen, vielleicht finden sich Weggenossen, die gerne Hand mit anlegen?

Ich danke Gott für die Zeit der Inspiration. Ich danke meiner Frau, die es mir ermöglicht hat, mich von zu Hause loszueisen. Herzlichst *„aus dem Leben, fürs Leben, ins Leben".*

Lukas Dittus

■ LORENZ, der Beschenkte

Mein Name ist Lorenz. Ich bin 61 Jahre alt, verheiratet und habe drei Kinder und sechs Enkelkinder. Meinen Lebensunterhalt verdiene ich damit, dass ich, mittlerweile seit über vierzig Jahren, für die Deutsche Bahn arbeite. Ich wohne im selben Ort, in dem ich vor sechzig Jahren aufgewachsen bin. Seit siebenunddreißig Jahren bin ich mit derselben Frau verheiratet. Das alles klingt so unspektakulär und langweilig, dass es schon wieder interessant sein könnte.

Warum habe ich mich für diese besondere Männerfreizeit angemeldet? Zu Beginn des Jahres machten meine Frau und ich die Jahresplanung. Für die Kalenderwoche siebzehn trugen wir beide Urlaub bei unseren Arbeitgebern ein. Da wollten wir unseren Hochzeitstag gemeinsam feiern. Außerdem hatte ich auf meiner Zieleliste auch eine Reise nach Israel stehen. Nicht unbedingt für das Jahr 2017, aber irgendwann in den nächsten fünf bis zehn Jahren. Im März fragte mich mein Freund Helmut, ob ich nicht nach Israel mitfahren wolle. Er suche noch einen Zimmerkameraden. Meine Frau riet mir, die Reise mitzumachen. So meldete ich mich an. Im Nachhinein hat sich herausgestellt, dass meine Frau für diese Woche gar keinen Urlaub bekommen hätte, weil sie in ihrem Job gebraucht wurde. Mir war klar: Hier hat Gott den Weg geebnet!

Israel ist für mich ein besonderes Land. Die Orte, an denen unser Herr vor zweitausend Jahren seine Fußspuren hinterlassen hat, die wollte auch ich einmal sehen. Diese Orte, an denen die Menschheitsgeschichte ihre wichtigsten Berührungspunkte mit dem heiligen Schöpfer hat. Ich weiß nicht genau, was ich hier für mich erwartete. Für meinen Glauben an Gott und an Jesus versprach ich mir wohl besondere Gefühle. Allerdings empfand ich in dieser Woche keine besonders warmen, heiligen oder außergewöhnlichen Emotionen. Was ich aber wahrgenommen habe, ist, dass in diesen Tagen viele Männer eine besondere Nähe zu dem heiligen Gott erfuhren. Wohl über den Verstand erkannte ich auch, dass Israel ein ganz besonderes Land ist, dass hier Gott mit den Menschen Geschichte geschrieben hat und weiterhin schreiben wird.

Auf der Freizeit erhielten alle Teilnehmer ein Namensschild. Auf meinem stand, dass der Name Lorenz bedeutet: der Sieger, der Beschenkte. Diesen Namen habe ich bei meiner Taufe bekommen. Im Rückblick auf mein bisheriges Leben kann ich heute sagen: *„Ich bin wahrhaftig beschenkt."* Das will ich an einem Beispiel erläutern:

Vor einigen Tagen feierte meine Mutter ihren fünfundachtzigsten Geburtstag. An diesem Tag erzählte sie mir, dass sie als Kind eigentlich gar nicht mehr geplant war. Sie wurde als Jüngste von sieben Kindern geboren. Ihre Mutter war bei der Geburt schon über vierzig Jahre alt. Das zweitjüngste Kind war acht Jahre älter als meine Mutter.

Sie konnte jetzt ihren Geburtstag im Kreise der Familie feiern. Mein Vater, mittlerweile 88 Jahre alt, lebt auch noch. Meine Eltern haben drei Kinder, die alle verheiratet sind, und auch aus jeder dieser Ehen sind Kinder hervorgegangen. So haben meine Eltern jetzt acht Enkelkinder und zehn Urenkel.

Ist hier nicht eine Segensspur Gottes erkennbar? Ich sehe dies so. Aber es ist kein Grund, irgendwie stolz zu sein. Es ist nur Gottes Gnade. Es ist ein Grund sehr, sehr dankbar zu sein. Ich bin dankbar für das Leben, das ich bisher führen durfte. Ich bin dankbar, dass ich mit so einer großen Familie beschenkt wurde, und ich bin dankbar, bei dieser Männerfreizeit dabei gewesen zu sein.

Ein besonderer Augenblick war für mich der Aufenthalt am Jordan. Hier ließen sich elf Männer im Fluss taufen. Zuhause angekommen, suchte ich nach den Unterlagen von meiner Taufe. Ich wurde im Februar 1956 in Nürnberg geboren. Drei Tage später wurde ich, noch in der Klinik, getauft. Ich fand die Taufbescheinigung mit meinem Taufspruch. Der Text steht in Psalm 95, in den Versen 7 und 8: *„Denn er ist unser Gott und wir das Volk seiner Weide und Schafe seiner Hand. Heute, so ihr seine Stimme höret, so verstocket euer Herz nicht."*

Zum ersten Mal nahm ich bewusst dieses Wort auf. Ich kann mich an meine Taufe nicht erinnern, aber heute nehme ich dieses Wort als Ermutigung und Zusage des lebendigen Gottes an. Zum Glauben an Jesus kam ich erst zwanzig Jahre später.

In der Bibel (Hebräer 4,7, Luther 2017) habe ich von diesem Heute gelesen: „... bestimmt er abermals einen Tag, ein *Heute*, und spricht nach so langer Zeit durch David, wie eben gesagt (Psalm 95,7-8): *Heute, wenn ihr seine Stimme hört, so verstockt eure Herzen nicht."*

Auch dieses Wort nehme ich als eine Aufforderung Gottes, und zwar mein Herz nicht zu verstocken, sondern auf seine Stimme zu hören. Heute soll und will ich auf seine Stimme

Blick auf Jerusalem

Klagemauer

hören. Dieser Aufenthalt im Heiligen Land war für mich so ein Heute. Es war ein erneuter Anstoß für mich, wieder mehr auf Gottes Wort zu hören, zu vertrauen und näher bei Jesus zu sein.

Ich möchte aber nicht unerwähnt lassen, dass in meinem Leben und dem meiner großen Familie auch Schwierigkeiten, Probleme und Sorgen auftauchen. So habe ich zurzeit eine große Sorge bezüglich des Glaubens und der Lebenssituation eines meiner Kinder. Ich habe die Angelegenheit im Gebet vor Gott gebracht und bringe es ihm immer wieder. Noch kann ich keinen gottgewollten Weg erkennen. An der Klagemauer habe ich einen Zettel mit meiner Bitte hinterlegt. Ob hier Gott näher ist? Ich will auf den Herrn vertrauen und warte sehr gespannt, welchen Weg er zeigen wird. Es ist spannend, frohmachend und beruhigend, wenn man im Leben nicht alleine ist, sondern sich von Gott getragen weiß.

Lorenz Stürmer

■ ARNO, der gute Sohn

Falls Sie ein Mann sind, haben Sie Probleme mit Ihrer Männlichkeit? Zugegeben, ich habe diese Frage für mich erst auf dieser Männer-Israelreise geklärt. Starke Männer zeigten Gefühle. Ich habe vor dieser Reise noch gedacht, wenn Männer Gefühle zeigen, sei das ein Zeichen von Schwäche. Hatte ich etwa Probleme mit meiner Männlichkeit?

Aber fange ich doch lieber einmal dort an, wo ich zum ersten Mal hörte, *„was wirklich stark macht"*, denn das hatte damit zu tun, dass ich, statt mit meiner lieben Frau, mit 51 Männern nach Israel reiste.

Am Samstag, den 08.11.2014, fuhr ich zur Deutschlandkonferenz von *Christen im Beruf* nach Bad Kissingen. Als Gastsprecher wurde, unter anderem, der ehemalige Bodyguard Michael Stahl angekündigt. Sein Vortrag stand unter der Überschrift: *„Was wirklich stark macht."* Bedauerlicherweise hatte ich seine Lebensgeschichte verpasst. Gut, dass diese auf CD angeboten wurde. Ich hörte sie auf der Heimfahrt im Auto an.

Eine Hammer-Geschichte! Und was mich wie ein Hammer traf, war seine Frage: *„Hast du deinem Vater schon einmal gesagt, dass du ihn liebst? Hast du deinen Vater schon einmal gebeten, dass er dir vergibt, wo du ihm Unrecht getan hast? Hast du deinem Vater schon einmal gesagt, dass du auch ihm alles vergeben hast, wo er dir Unrecht getan hat?"* Michael Stahl hatte das alles getan, und es hatte ihn und seinen Vater gewaltig verändert.

Bei seiner Geschichte kamen mir die Tränen. Für einen Augenblick dachte ich: Wie peinlich, dass ich weine, gut das mich keiner sieht! Dann sagte Michael: *„Wenn du es deinem Vater noch nicht gesagt hast, tu es noch heute und: Erwarte* *nichts von ihm!"* Ich wusste: *Das ist jetzt für mich dran!* Meine Vaterbeziehung war, gelinde gesagt, gefühlsarm. Ich habe meinen Vater nie weinen sehen. Der Mann war knochenhart. Mit 92 Jahren hat er noch mal so eben seinen Gartenweg aus 50 x 50 cm Betonplatten eigenhändig verlegt. Er hat den Zweiten Weltkrieg in Russland und viele Jahre russische Gefangenschaft ohne erkennbare Spuren überlebt. An Lob und Anerkennung konnte ich mich kaum erinnern. Und jetzt verspürte ich den Drang: *„Geh zu ihm!"*

Ja, das war für mich unaussprechlich schwer! Aber ich habe es getan. Gleich am Montag fuhr ich morgens früh zu meinem Vater. Er war zu diesem Zeitpunkt 95 Jahre alt, lebte alleine in seinem Einfamilienhaus und versorgte sich selbst, körperlich und geistig voll fit. Mein Vater bekam lediglich morgens und abends vom Pflegedienst eine Insulinspritze wegen Alterszucker.

Ich klingelte. Mein Vater machte die Tür auf, mit der Frage: *„Was willst du denn hier?"* Ich sagte: *„Vater, ich will dir nur sagen, dass ich dich liebe! Und ich möchte dich bitten, dass du mir alles vergibst, wo ich dir Unrecht getan habe. Und ich will dir sagen, dass ich auch dir alles vergeben habe."* Mein Vater sagte kein Wort. Wenige Sekunden Schweigen, mir kam es wie eine Ewigkeit vor, dann sagte ich: *„Jetzt muss ich aber ins Büro! Ich wünsche dir noch einen schönen Tag!"* Und weg war ich. Puh! Das war geschafft!

Zwei Tage später, am Mittwoch, bekam mein Vater einen Schlaganfall, war halbseitig gelähmt und konnte nicht mehr sprechen. Meine Frau und ich fanden ihn abends in seiner Küche auf dem Boden liegend. Während wir auf den Notarzt warteten, konnte ich ihn, der bei vollem Bewusstsein war, streicheln und küssen und für ihn beten. Diese Liebe und Nähe zu meinem Vater wäre vor meinem Besuch am Montag für mich undenkbar gewesen. Vierzehn Tage später verstarb er. Ich habe darüber einen unbeschreiblichen Frieden. Ehre sei Gott!

Michael Stahl, der mit seiner Geschichte auch meine Vaterbeziehung verändert hatte, war zwei Jahre später bei uns

Christen im Beruf im Chapter Minden. Er erzählte seine Lebensgeschichte vor vielen Gästen und lud mich im Laufe der Veranstaltung zu dieser Männer-Israelreise ein. Danke, lieber Michael!

Diese Reise war etwas ganz Besonderes für mich. Ein Highlight nach dem anderen. Aber was mich am meisten beeindruckte, waren die Begegnungen und Gespräche auf dieser Reise. Live zu sehen, wie Männer Gefühle zeigen, wie starke Männer über ihre Schwächen, Fehler und Ängste sprechen, und dass Männer weinen. Mich hat beeindruckt, dass einige auf dieser Reise eine Entscheidung für ein Leben mit Jesus Christus getroffen haben und zwei Tage später im Jordan getauft wurden; und auch, wie sich diese Männer innerhalb so kurzer Zeit veränderten. *Krass*, wenn Traurigkeit in Freude übergeht. Wir Männer haben unendlich viel gelacht und hatten Spaß ohne Ende, aber wir konnten auch weinen.

Wussten Sie schon, dass auch Jesus, der Sohn Gottes, geweint hat? In der Bibel steht, in Lukas 19,41, dass Jesus über Jerusalem weinte. Ich war an dieser Stelle. Dort gab ich die Probleme mit meiner Männlichkeit Jesus. Jetzt schäme ich mich nicht mehr, Gefühle zu zeigen, selbst wenn mir dabei die Tränen kommen. Übrigens gibt es ein wunderschönes Bild von dieser Stelle, gemalt von der Künstlerin Marlene Shahwan aus Beit Jala im Raum Bethlehem. Ich wünsche Ihnen, dass Sie diese begnadete Künstlerin einmal persönlich kennenlernen. Es lohnt sich in jeder Beziehung. Marlene und Johnny Shahwan haben ein wunderschönes Gästehaus. Ich bin mir sicher, die beiden freuen sich auch über Ihren Besuch.

Jetzt habe ich noch eine Anmerkung für meine Freunde und Geschwister in Jesus Christus. Wenn du, mein Freund, dich fragst: *„Wie geht das, meine Probleme Jesus geben?"* Bei mir ist es so. Ich habe schon vor einigen Jahren festgestellt, es ist ganz einfach, aber ich schaffe das nicht alleine. Ich brauche jemanden, der mir dabei hilft. Ich habe Jesus gefragt:

Kunstwerk von Marlene Shahwan

„*Jesus, wie geht das?*" Und irgendwie wusste ich, ich brauche Gott, um Gott zu verstehen. Wie gut, dass Jesus gesagt hat: „*Ich bitte Gott, den Vater, dass er dir einen Helfer, einen Beistand schickt.*" Das ist der Heilige Geist.

Der Heilige Geist ist mein bester Freund geworden. Egal, was ich mache oder entscheide, ich habe mir vorgenommen, IHN zu fragen: „*Heiliger Geist, was sagst du dazu? Komm, Heiliger Geist, wir machen das gemeinsam!*"

Hier ein ganz praktisches Beispiel, wie es bei mir „*funktioniert*": Ich nehme Gott bei seinem eigenen Wort. In der Bibel steht (und was in der Bibel steht, ist Gottes Wort), dass wir alle unsere Sorgen und Probleme auf Jesus werfen können und sollen. In Markus 11,23-25 sagt Jesus zu seinen Jüngern (und wir sind jetzt seine Jünger): „*Ihr müsst Vertrauen zu Gott haben.*" Das heißt, wir müssen den göttlichen Glauben haben, nämlich glauben, dass das, was Gott sagt, stimmt.

Und weiter sagt Jesus: *„Ich versichere euch, wenn jemand zu diesem Berg (Problem) hier sagt: ‚Heb dich hoch und stürz dich ins Meer' und dabei keinen Zweifel in seinem Herzen hat, sondern fest darauf vertraut, dass geschieht, was er sagt, dann wird es geschehen."* Und weiter: *„Doch bevor ihr betet, müsst ihr zuerst jedem vergeben, gegen den ihr etwas habt."*

Wir kennen Naturgesetze, z. B. das Gesetz der Schwerkraft. Genauso gibt es auch geistliche Gesetze. Ohne Glauben funktioniert im Reich Gottes nichts, ebenso wie ohne Vergebung. Und ohne dass wir sprechen, bewegen wir nichts. Naja, für mich war das mit dem Glauben und mit der Vergebung noch ganz plausibel. Aber mit dem Sprechen hatte ich so meine Mühe. Ich kannte eine Reinigungskraft, die mit ihrem Staubsauger sprach. Darüber habe ich gelacht. Vielleicht lacht auch jetzt jemand, wenn ich sage: Ich spreche heute laut und vernehmlich zu meinem Problem und nicht mehr über mein Problem.

Das hört sich z. B. so an: *„Jesus, ich glaube, dass dein Wort funktioniert. Danke, dass du mir die Vollmacht gegeben hast, in deinem Namen, in der Autorität, die du mir gegeben hast, zu meinem Problem zu sprechen. Probleme mit meiner Männlichkeit, hört zu! Ich sage euch im Namen von Jesus Christus: Raus! Raus aus meinem Leben! Raus aus meinen Gefühlen! Verschwindet in Jesu Namen!"* Ich kann euch sagen: Es hat funktioniert! Sonst hätte ich diesen Bericht nicht schreiben können.

Wenn du jetzt denkst, das versuche ich auch einmal: Vergiss es, es wird nicht funktionieren! Weil Versuchen Unglaube ist. Ich weiß, dass ich weiß, dass ich weiß: Gott kann nicht lügen. Im Vertrauen, im Glauben, ohne zu zweifeln, will ich das tun, was Jesus sagt. Und dazu brauche ich einen Helfer, das ist der Heilige Geist. Er will auch dein bester Freund werden.

Arno Krause

■ WILFRIED, der Freie

Mein Name ist Wilfried, und ich bin 59 Jahre alt. Ich möchte einfach nur über diese eine Begebenheit in Israel schreiben und was sie in mir bewirkt hat:

Als wir zusammen im Aufenthaltsraum in unserem Gästehaus in Bethlehem saßen, erzählte Michael Stahl von einer Bekannten, deren Vater im Sterben lag. Nach kurzem Zögern war sie zu ihm hingegangen (ich weiß jetzt nicht mehr, ob er noch lebte, als sie bei ihm ankam), und sie sagte zu ihm Folgendes: *„Du warst der beste Vater, der du je sein konntest!"*

Dieser Satz hat mich besonders bewegt, und ich war sehr gerührt. Denn ich musste an meinen eigenen Vater denken, der schon seit fünfundzwanzig Jahren tot ist. Gerade in den letzten Wochen sind bei mir wieder viele Fragen hochgekommen, wie zum Beispiel: Warum hat mein Vater mich nie umarmt? Warum hat er mich nicht mehr gelobt und ermutigt? Warum hat er nicht mehr am Aufbau einer Beziehung zu mir gearbeitet?

Alle diese Fragen sind berechtigt, und es gibt keine Antwort darauf. Aber ich bin versöhnt mit meinem Vater, wenn ich so denke: *„Du warst der beste Vater, der du je sein konntest!"* Mein Herz ist frei und ich kann mutig vorwärts gehen …

Wilfried Dengler

Einfach mal drücken tut gut!

■ HELMUT, der Franke

Im Vorfeld der Reise ereigneten sich etliche Dinge, die mich ermutigten, mit nach Israel zu fahren. Da waren zum einen die Begegnungen mit Michael auf ganz verschiedenen Veranstaltungen, zuletzt beim Jubiläum und Geburtstag des Pianisten Waldemar Grab. Als wir nach Hause fuhren, stoppten wir kurz bei einem Rasthof. Beim Hinausgehen – wer steht da am Ausgang? Michael und Hilda! Ein kurzes intensives Treffen!

Mein Enkel ging dann ins Training zu Hilda. Und da war wieder dieser Gedanke an Israel. Prospekte fielen mir in die Hände, und sofort habe ich mich angemeldet. Etliche Freunde lud ich noch dazu ein, um die Reise zustande kommen zu lassen. Einige hatten auch Interesse, aber dann zu lange überlegt, denn plötzlich war die Teilnehmerzahl schon erreicht. Einer ist dann doch mitgefahren – klasse!

Einige Hindernisse galt es noch zu überwinden. Zwei besondere Krankheiten – eine chronische und eine Autoimmunerkrankung, mit denen ich in den letzten drei Jahren ganz massiv zu tun habe – machten gerade jetzt Probleme und hätten es beinahe nicht zugelassen, dass ich mitfahre. Dazu kam, dass ich mir zwei Tage vorher den Fuß vertrat und dieser stark anschwoll, sodass ich Schwierigkeiten beim Laufen hatte. Ein Gebet darüber in unserer Gemeinde half. Manche gaben mir den Rat, doch meinen Stock mitzunehmen, aber die Beterin sagte: *„Wir haben doch gebetet, da brauchst du auch keinen Stock!"*

Allen Hindernissen zum Trotz durfte ich doch mit dabei sein. 52 Männer, von denen ich nur eine Hand voll kannte, das war schon eine Herausforderung! Mit dem Auto nach Gunzenhausen, mit dem Bus über Bopfingen nach Stuttgart, mit dem Flieger nach München, um dann ganz früh morgens in

Israel zu sein. Bekanntschaften waren schnell geschlossen, alle haben sich mit dem Vornamen gegrüßt, da war man gleich mitten drin, obwohl wir beiden Franken gewisse „*Sonderlinge*" waren. Aber – ihr habt uns toll integriert!

Die Erlebnisse überschlugen sich! Wie kann man so viele Eindrücke, so viele besondere Plätze, so viele tiefgehende Erfahrungen in so kurzer Zeit überhaupt bewältigen? Obwohl wir ja eine Nacht quasi übersprungen haben, hatte ich so viel Kraft, dass ich selber staunte. Mein Fuß machte gar keine Probleme und die anderen Krankheiten auch nicht. Alleine das war schon ein Wunder!

Die Gemeinschaft mit den Männern war ebenso etwas Besonderes! Tolle Begegnungen! Tolle Gespräche! Viel Offenheit prägte unser Miteinander!

Es ist gar nicht so einfach, aus den vielen Erlebnissen Besonderheiten zu benennen. Neben den persönlichen Freundschaften, die entstanden sind, will ich Folgendes herausstellen:

Ein Ort, auf dessen Besuch ich mich sehnsüchtig gefreut hatte, war der Garten Gethsemane. Die Atmosphäre dort war beeindruckend. Wir hatten etwas Zeit, um Berichte zu hören, Lieder zu singen und auch für uns selbst zu sein. Etliche öffneten sich ganz persönlich. Wir beteten und erinnerten uns an die Zeit unseres Herrn an diesem Ort. Sein Schweiß tropfte hier wie Blut zu Boden, solch einen Kampf durchlitt er für mich. Es herrschte eine einzigartige Stille, die mich ganz besonders anrührte. Bei vielen der Stationen war ja eine Kirche gebaut, obwohl man im Nachhinein gar nicht mehr so sicher sein kann, ob Jesus tatsächlich genau dort war. Hier, in diesem Garten, war keine Kirche – hier war es anders! Es waren nicht die Äußerlichkeiten, sondern das, was Jesus hier erlebt und getan hatte, was mich auf spezielle Weise ansprach – ganz tief, hier in diesem Garten!

Ein weiteres Highlight für mich war die Gemeinschaft im Gartengrab. An diesem Ort feierten wir Abendmahl! Das war besonders! Dieser zusammengewürfelte *Haufen* war eins in Jesus! ER starb, ER litt, ER wurde begraben und ER lebt, daran haben wir uns bei diesem Abendmahl an diesem ungewöhnlichen Ort erinnert. An seinem Tisch mit Brot und Wein durften wir Gemeinschaft mit IHM haben. IHM hier in dieser Form nahe zu sein, hat mich sehr beeindruckt. Wir haben einen großartigen GOTT! Das Grab ist wirklich leer – ER lebt in uns und in unserer Mitte – das haben wir gesehen und gespürt.

Herausragend war für mich auch die verantwortliche Truppe: Michael, Gerhard, Alexander und Helmut. Ihre persönlichen Zeugnisse und Beiträge sowie ihre Ausstrahlung gaben der Reise eine einzigartige Note. Nicht nur die besonderen Menschen, mit denen sie uns zusammenbrachten, wie die bei *Yatar* oder im Obersten Gericht, sondern auch ihre persönlichen Erlebnisse und die *Trainingseinheiten*, die wir mitmachen konnten. Das bleibt einfach unvergesslich und wird mich sicherlich noch lange beschäftigen. Ihre Einstellung und Hilfestellung ist etwas Besonderes! Es gab während der gesamten Reise keine Unstimmigkeit – wir konnten jederzeit die gute Gemeinschaft und den Frieden unter uns erleben.

Ein nicht zu überbietendes Erlebnis war es, dass sich acht aus der Gruppe vor uns allen mit einem Übergabegebet für ein Leben mit Jesus entschieden. Unglaublich, das mitzuerleben! Elf von uns ließen sich dann im Jordan taufen. Für mich etwas ganz Besonderes! Ich bin zwar als Kind getauft,

„Speisung der 5.000" am See Genezareth

Taufstelle am Jordan

das weiß ich von Bildern und vom Hörensagen; aber schon einmal in meinem Leben hatte ich diese Möglichkeit der Groß-taufe, habe sie aber nicht wahrgenommen. Gerade jetzt war der Wunsch wieder ganz stark in meinem Herzen, und so entschied ich mich dazu, dies als Zeugnis vor der sichtbaren und unsichtbaren Welt öffentlich zu tun. Natürlich kam der besondere Ort dazu; aber jetzt habe ich es auch selbst erlebt, dass ich getauft bin! Halleluja!

Ich könnte jetzt weitererzählen – von Massada, vom Toten Meer, von Jericho, Cäsarea und der einzigartigen Schifffahrt auf dem See Genezareth. Darüber sollte ich doch noch be-richten. Aber nein! Worte können das nicht! Das muss man selbst gehört und erlebt haben. Ich will's dabei belassen. Ganz herzlichen Dank an alle beteiligten Verantwortlichen, auch an unseren besonderen Reiseleiter und den Busfahrer. Es war eine kurze, intensive und herausragende Zeit, die sich so be-stimmt nicht wiederholen wird. Danke Herr, dass ich dabei sein durfte!

Helmut Bieber

■ WOLFGANG, der Kämpfer

Hallo! Ich bin Wolfgang und wohne im Nürnberger Land in Bayern. Geboren wurde ich am 30.9.1990 und wuchs ziemlich normal auf. Relativ behütet, als Kind von Schausteller-Eltern, kam ich viel herum; und zur Schulzeit war ich Zuhause bei meiner Oma.

Mein Vater nahm mich schon sehr bald in den Kampfsport mit, hatte aber sonst wenig Zeit für mich. Meine Mutter lobte mich oft, dass ich ein toller Sohn wäre. Nur leider versagte ich immer wieder in der Schule, was mich oft verzagen ließ: Es reichte nicht für die Realschule und später, nach dem qualifizierenden Hauptschulabschluss, gerade so für die Wirtschaftsschule. Und dort ging das Bangen erst richtig los! Ständig schlechte Noten und Versagen ließen mein Selbstwertgefühl auf null sinken. Meine Eltern ließen sich scheiden; ich wusste nicht, wohin mit meinen Problemen und meinem Versagen. Gott kannte ich nicht.

Als ich das Abschlussjahr wiederholte, bewarb ich mich bei der Polizei, an der Fachoberschule und als Elektriker. Und wieder versagte ich mit meinen Noten. Somit nahmen mich die Polizei und die Fachoberschule nicht, auch wenn ich den Abschluss auf der Wirtschaftsschule schaffte. Ich begann also die Ausbildung als Elektriker am Bau.

Im Jahr 2012, als ich noch in der Ausbildung war, ging ich durch das finsterste Tal meines Lebens. Mein Vater erlitt schwere Verbrennungen, während er sein Geschäft (ein Fitnessstudio) mit eigenen Händen aufbaute; sonst hatte er keine Existenz. Mit einem Schlag wurde mir der Boden unter den Füßen weggerissen. Im Krankenhaus sagten sie zu meiner Schwester und mir, dass mein Vater keine zwei Tage mehr leben würde. Er lag im künstlichen Koma. Die Verbrennungen seien zu schwer, er könne das nicht schaffen. 66 Prozent seiner Haut waren verbrannt. Ich sollte im Krankenhaus meine Telefonnummer hinterlassen und auf den Anruf warten, dass es vorbei sei. Da meine Eltern getrennt waren, war ich der erste Ansprechpartner für alle Belange, die meinen Vater betrafen. Als meine Schwester und ich zu Hause waren, erzählten wir meiner Mutter alles und weinten nur noch. Es war nicht in Worte zu fassen, diese Verzweiflung. Meine Schwester und ich beschlossen, als wir uns in den Armen lagen und weinten, den Traum meines Vaters zu vollenden und sein Geschäft fertig zu bauen, komme was wolle. Ich unterbrach meine Ausbildung und war in Vollzeit für den Bau des Geschäftes meines Vaters da.

Mein Vater starb aber nicht. Er lag unter höchster Lebensgefahr weiter im künstlichen Koma und ich wurde als sein Betreuer eingesetzt. Ich musste über jede Operation und über alles Finanzielle, die Schulden auf der Bank und seine Geschäfte, entscheiden. Mit gerade 22 Jahren ließ mich diese Verantwortung fast zusammenbrechen. Ich war am Ende mit meinem Leben, konnte aber nicht aufhören weiterzumachen; ich baute das Geschäft und besuchte jeden Tag meinen Vater, der immer noch im Koma lag. Im dunkelsten Moment meines Lebens bekam ich einen Brief per Post von einer alten Freundin, die in der Nähe wohnte. Sie wusste von nichts und schrieb mir trotzdem zum richtigsten Moment, den man sich vorstellen kann. Sie wollte nur wissen, wie es mir geht und was ich mache.

Am tiefsten Punkt meines Lebens wurde mir jemand zur Seite gestellt, meine heutige Ehefrau Tabea. Damals wollte sie mich nur unterstützen. Durch sie fand ich in all dem Chaos Ruhe. Tabea nahm mich jedes Wochenende in diverse Gottesdienste mit, erzählte mir fast täglich von Gott. Am Anfang verstand ich nichts von diesem Gott. Wie sollte er denn sein, wenn er mich durch solch ein Tal laufen ließ? Trotzdem berührte Jesus mein Herz, denn ER war das Beste, was in mein Leben gekommen war. Es war unfassbar, wie sich trotz Schmerz, Kummer und Versagen alles zum Besten wendete. In dieser Zeit veränderte mich Gott. Ich lernte jede Menge wunderbare Menschen kennen. Meine Familie und mein Chef unterstützten mich so unglaublich, auch wenn mir viele davon abrieten, das alles von meinem Vater zu übernehmen, weil ich es nicht tragen und zusammenbrechen könne. Aber Gott war bei mir, das sagte er mir auch!

Ich bekam immer wieder den Vers aus Matthäus 28,11: *„Kommt her zu mir, alle, die ihr mühselig und beladen seid; ich will euch erquicken."*

Und Gott blieb mir treu, trug mich hindurch, bis heute. Gott brachte sogar meinen Vater nach einem Jahr Krankenhaus und Reha wieder nach Hause, genau zu meiner Hochzeit mit Tabea. Mein Papa kämpft bis heute mit den schweren Folgen seines Unfalls; und trotzdem bin ich so dankbar, ihn noch zu haben, ihm Liebe zuzusprechen. Die Chance lag bei unter einem Prozent, dass mein Papa heute so noch da ist – nur Gott tut solche Wunder!

Zisternen Beerscheba

Somit war auch klar, dass ich Israel sehen wollte, das Land, in dem unser Herr Jesus für uns lebte, kämpfte, starb und auferstand. Auf die Israel-Reise wurde ich über einen Flyer aufmerksam und Michael Stahl kannte ich von der Trainer-ausbildung. Als dann ein sehr guter Freund noch sagte, dass er auch mitkomme, war es klar.

Besondere Erwartungen an die Reise hatte ich nicht. Und doch wurde sie einfach ein Wunder! Es wurde jeden Tag intensiver, dieses Land zu sehen, in dem Jesus lebte. Aber das Tollste war nicht die Reise selbst, sondern die 53 Männer, die dabei waren. Jeder hatte etwas zu erzählen; viele hatten schon Großes mit Gott erlebt. Nicht die Reise stand im Mittelpunkt, sondern die Menschen. Unglaublich, wie Jesus alles begleitete und segnete. Elf ließen sich im Jordan taufen, acht nahmen Jesus in ihr Leben auf und fanden den Frieden, den nur er allein geben kann. Auch mein Herz fand durch Gott ein Stück Heilung. An Orten, wie dem Garten Gethsemane, Golgatha usw., und besonders im Gebet und in den Erlebnissen mit den anderen Männern durfte ich Jesus spüren.

Als wir ein paar Tage in *Beit Al Liqa'*, dem Haus der Begegnung in Bethlehem untergebracht waren, hing in unserem Zimmer über dem Bett ein Bild zum Thema Jesaja 53,5: *„In seinen Wunden sind wir geheilt."* Das konnte ich für mich in Anspruch nehmen. Diese Heilung bezog sich nicht auf einen bestimmten Bereich meines Lebens, sondern auf meine allgemeine Lebenssituation. Wunden, wie Enttäuschungen und Verletzungen, fielen mir leichter zu ertragen, auch wenn sie nicht gleich ganz verschwanden.

Am Schönsten fand ich es im Garten Gethsemane und am letzten Abend, an dem wir alle zusammensaßen. Es war so großartig, wie viele von uns erzählten, was sie mit Gott erlebt haben, von ihren Stärken, Schwächen und von ihrem Versagen. Welche Stärke, wenn Männer so ehrlich über ihr Leben sprechen können! So ohne jegliche Verstellung oder Verschönerung, einfach ehrlich!

Im Garten Gethsemane gewesen zu sein und sich zu erinnern, was Jesus dort für uns durchlitt und dass er sich für uns entschied, lehrte mich, wieder mehr auf Jesus zu schauen, anstatt in meinen Problemen zu ersticken. Nie wurde uns von Jesus ja ein leichtes Leben versprochen, dafür aber lässt Gott uns *niemals* allein. Gott steht treu zu uns, egal, was ist.

Mit diesen Zeilen möchte ich auch dich ermutigen, Jesus in dein Leben einzuladen. Er klopft an deinem Herzen an! Es gibt viele Dinge, die uns in schweren Lebenssituationen scheinbar helfen, und trotzdem betäuben sie uns nur und fordern schlussendlich unsere Seele. Ich brauche kein Yoga, keine Rituale, keine Homöopathie und keine Vielgötterei. Jesus allein liebt uns vollkommen. Und Jesus allein fordert für seine Liebe nichts zurück, er gibt als Einziger umsonst. Jesus allein brauche ich, denn bei IHM haben alle Schuld, Scham, Versagen und Verzweiflung ein Ende. Auch wenn ich oft an mir zweifle, weiß ich doch, Gott gibt mir meinen Wert und liebt mich bedingungslos.

Und Jesus möchte nur ein Ja von uns hören, dass wir IHN lieb haben. Lass Gott in dein Leben …

Wolfgang Simonis

Der letzte Abend im Kibbuz Degania

■ JOHANNES, der Getaufte

Ich bin Johannes aus Goldburghausen. Wie habe ich Gott kennengelernt? Ich war vor fünf Jahren sehr weit weg von Gott, wurde zwar christlich erzogen aber für mich war Gott immer weit weg, nicht greifbar und in meinen damaligen kindlichen Gebeten nicht spürbar. Wurde damals auch sehr gemobbt in der Schule und bin sehr oft auf falsche Freunde reingefallen.

Mein Leben änderte sich am 16.10.2012, da stieg ich zu meinem damaligen Kumpel ins Auto und wir fuhren los auf einen Berg im Naturschutzgebiet, sind dort oben gedriftet und haben Blödsinn gemacht, bis wir seitlich 25 Meter den Berg runterstürzten. Dabei zogen wir uns lebensgefährliche Verletzungen zu, mein Kumpel brach sich zwei Halswirbel, ich hatte schwerste Kopfverletzungen und einige Brüche im Gesichtsbereich (Schädelhirntrauma). Mein rechtes Handgelenk und meine Wirbelsäule waren gebrochen und ich hatte viel Blut verloren.

Mein Kumpel kontaktierte meinen Vater, der uns dann auf dem Berg suchte und nach ca. einer Stunde fand. Mein Kumpel und ich sind dann noch ca. 500 m selbständig gelaufen. Im Krankenhaus hatte ich dann ein Nahtoderlebnis: Ich verließ meinen Körper und schwebte über ihm. Ich sah meine Eltern um das Bett stehen und dachte, ich müsse gestorben sein. In diesem Moment spürte ich, dass mich absolute Liebe umgab, ich hatte keine Ängste, keine Sorgen und keine Schmerzen mehr. Dann schwebte ich langsam Richtung Himmel. Ich stand plötzlich auf einer Straße. Links sah ich Obstbäume und einen See und rechts konnte ich mich immer noch im Bett liegen sehen. Vor mir war ein riesiges, ca. 100 m hohes Tor aus Gold, das sich dann öffnete. Meine Großeltern kamen heraus, die ich zuerst nicht erkannte. Meine Großeltern waren sehr schick gekleidet, wirkten zwischen 20 und 30 Jahre alt. Sie sagten dann, ich müsse wieder zurückgehen, ich dürfe noch nicht hierbleiben, aber ich antwortete sofort: *„Ich gehe auf keinen Fall mehr zurück."* Ich sagte: *„Schaut mich doch mal an, wie ich da unten im Bett liege und welche Schmerzen ich dann aushalten muss. Ich geh auf keinen Fall zurück!"* Darauf antwortete meine Oma: *„Du weißt ja jetzt, wo es nach dem Tod hingeht und was für ein großes Geschenk das ist, das sehen zu dürfen!"* Als sie das sagte, konnte ich mein Schicksal annehmen, ich fragte dann, ob ich wieder laufen und sehen werden könne, meine Oma sagte, ich würde laufend das Krankenhaus verlassen und an Weihnachten wieder sehen können!

Ich war sechs Wochen im Krankenhaus. Auf dem linken Auge bin ich seit dem Unfall blind, mein rechtes Augenlied konnte ich erst an Weihnachten wieder öffnen. Alles trat so ein, wie es mir gesagt wurde! Ich fühle mich von Gott sehr reich beschenkt, kann wieder glauben!

Sohn & Vater

Mein Vater und ich waren begeistert von der Idee nach Israel zu gehen, weil wir schon viele kannten, die mitgingen und es ein Traum von uns war, endlich mal ins Heilige Land zu kommen! Die Reise hat unsere Erwartungen übertroffen; es war echt eine sehr schöne Zeit und eine super Gruppe! Die Highlights für mich waren, in Jerusalem auf den Spuren von Jesus zu gehen. Der Garten Gethsemane, wo Jesus weinte, war ein sehr ergreifender Moment. Als wir mit dem Boot auf dem See Genezareth fuhren und auf einmal der Kapitän hebräischen Lobpreis sang, war der Himmel zu spüren!

Das Hotel in Bethlehem war Oberklasse, dort gab es bewegende Vorträge, unter anderem bin ich in einen reingestolpert, wo es darum ging, sich im Jordan taufen zu lassen. Eigentlich hatte ich mir gesagt: *„Ich bin schon getauft, das brauche ich eigentlich nicht."* Dann habe ich gebetet: *„Gott, wenn ich mich taufen lassen soll, dann lass mich heute Nacht nicht schlafen."* Ich döste, schlief nicht und auf einmal hörte ich eine weibliche Stimme, die mir ins Ohr sang über mein Leben. Ich konnte das nicht hören, weil es so schön war und ich mich gleichzeitig fürchtete, was da vor sich ging. Ich wollte schnellstmöglich aus dem Bett springen, konnte aber meine Augen nicht öffnen, bis das Lied vorbei war und mir gesagt wurde: *„Gott möchte NUR ein JA von dir!!!"* Danach hatte

ich nur noch Alpträume, bin morgens aufgewacht und hab mir gedacht, alles sei nur ein böser Traum gewesen. Auf dem Weg zum Jordan las ich im Bus die Tageslosung: *„Gelobt sei Gott, der seinen Engel gesandt und seine Knechte errettet hat, die ihm vertraut haben"* (Daniel 3,28). Da wusste ich, dass das alles kein Zufall war, und ließ mich dann taufen!

Johannes Kienle

■ NORBERT, der Lebensfrohe

Mein Name ist Norbert. Ich bin 64 Jahre alt, verheiratet und Ingenieur im Ruhestand. Mit meiner Frau Angelika, sie ist Seelsorgerin, habe ich zwei erwachsene Söhne und Schwiegertöchter. Wir sind in der Evangelischen Landeskirche und in Freikirchen zu Hause.

Schon als Kind hatte ich einen persönlichen Jesusglauben, eine Beziehung zu Jesus. Zwischen meinem 16. und 30. Lebensjahr habe ich mich allerdings zu sehr von der Welt vereinnahmen lassen, sodass diese persönliche Beziehung zu unserem Herrn verschüttet wurde und erst wieder durch seine Gnade und mit Hilfe eines Glaubenskurses (ähnlich dem Alpha-Kurs) *„freigeschaufelt"* werden musste. Seit dieser Zeit wuchs das Glaubensleben von mir und meiner Frau mit seiner Hilfe und der von vielen lieben Geschwistern, sodass wir selbst Gebende werden durften. Gemeinsam bringen wir uns u. a. in Eheseminare und Eheseelsorge ein, und ich habe seit etwa 20 Jahren die Verantwortung für die Männerarbeit in unserer Kirchengemeinde.

Gott möchte *„Männer nach seinem Herzen"*. Solche *neuen Männer* braucht unser Land (und die ganze Welt). Unser Männerwochenende im Oktober 2016 mit *Kreativ Reisen*, das ich zusammen mit Michael Stahl und Helmut Jarsetz verantworten durfte, war die Initialzündung für diese Israel-Männerreise und mir ein besonders freudiges und wichtiges Anliegen.

So durfte ich also zum siebten Mal im Heiligen Land sein, das ich so liebe und dessen Freund und Botschafter ich bin. Aber zum ersten Mal erlebte ich dieses wunderschöne Land zusammen mit 52 Männern. Mit dabei war ein ganz besonderer Mann. Johnny Shahwan lebt mit seiner lieben Frau Marlene mit Kindern und Enkeln vor Ort, in Beit Jala, nahe Bethlehem. Johnny und Marlene haben *Beit Al Liqa'*, eine wundervolle

Begegnungsstätte, gegründet. Ein Hort des Segens und des Friedens, besonders für Kinder und Jugendliche, die in dieser Friedensarche Jesus erleben und eine gute Perspektive für ihr Leben erhalten. Wir durften drei Nächte im dazugehörigen, besonders schönen, einladenden und gastfreundlichen Gästehaus verbringen.

Besondere Segnungen haben wir durch die Lebensübergaben von acht Männern und die Glaubenstaufen an der Originaltaufstelle im Jordan erfahren. Es ist für mich immer wieder bewegend, so wichtige Glaubensgeschehnisse an Orten zu erleben, an denen auch unser Herr Jesus war. Ich erlebte mit so unterschiedlichen Männern eine harmonische, rücksichtsvolle und liebevolle Gemeinschaft, ohne Streit und böse Worte. Mein Christsein wurde gestärkt und erneuert. Es war äußerst bewegend, in tiefen Gottesbegegnungen seine Gegenwart zu spüren – ob im Garten Gethsemane oder am Gartengrab, besonders aber während einer Schifffahrt auf dem See Genezareth mit Lobpreis und unserem Kapitän Daniel, einem messianischen Juden und Lobpreiser. Gottes Stimme zu hören, müssen wir lernen; es wurde uns in der Regel nicht beigebracht. Wir müssen lernen loszulassen.

Für mich geht es immer wieder darum, Jesus ähnlicher zu werden, für sein Volk und Land und für sein Reich zu beten. Ja, Männer nach dem Herzen Gottes wollen wir werden. Wir bitten, dass er seinem Volk die Decke wegzieht und es in die Freiheit führt. Dass sie ihren Messias erkennen und bekennen. Ich habe Israel und die biblischen Stätten wieder einmal als *"fünftes Evangelium"* erlebt, wodurch sich mir die vier geschriebenen Evangelien der Heiligen Schrift besser erschließen, da der Bezug zu seinem Wort oft klarer und sein Wort lebendiger wird.

Ich habe neue Brüderschaften, Freundschaften und Beziehungen mit anderen Männern geknüpft und vorhandene vertieft. Ich verspüre eine neue Freude am Zusammensein mit Männern und einen verstärkten Auftrag für Männerbegegnungen und Männerarbeit.

Außerdem habe ich ein tieferes Verständnis für beide Seiten erhalten, die jüdischen und die arabisch-palästinensischen

Menschen. Und mir wird immer bewusster, dass wirklicher Friede nur durch unseren Messias Jesus Christus, den Jeschua HaMaschiach, geschehen kann. Der Schlüssel zum Frieden im Heiligen Land, im Lande Jesu, ist ER, der Friedefürst selbst. Je mehr Menschen ihn als ihren Herrn, Heiland und Erlöser annehmen und vertrauensvoll mit ihm leben, desto stärker wird auch die Hoffnung auf äußeren Frieden werden. Ohne Jesus Christus kann es keinen dauerhaften Frieden geben.

Es macht Mut – in einer Zeit, die gekennzeichnet ist von hohem Wohlstand einerseits und bitterer Armut andererseits, von Kriegen, Terror und Lieblosigkeit –, wenn 52 Männer ausziehen, um das Land des Friedefürsten Jesus Christus zu besuchen: Stätten an denen ER lebte, wirkte, heilte, segnete, litt, starb, auferstand und durch seine Worte und Taten die Welt veränderte und die Menschheit erlöste. Unser Herr und Heiland Jesus Christus, mein Ein und Alles, war jederzeit in unserer Mitte, hat uns geführt und geleitet, gesegnet und bewahrt. Ihm sei alle Ehre!

Wandeln zu dürfen, wo ER wandelte, erfüllt mein Herz mit Ehrfurcht, Freude und großer Nähe zu ihm. ER ist es, der uns begegnen möchte, und ER tut es auch, wenn wir ihn darum bitten und ihn in unser Herz einladen. So erlebe ich die Worte der Verheißung: *„Wer Israel segnet, der wird gesegnet!"* (1. Mose 12).

Norbert Müller

Abstieg zur Zisterne

■ ERICH, der Kommissar

Vor dem Abflug nach Israel, auf dem Flughafen, stellte mich ein Freund seinen Eltern so vor: Das ist Erich, der Polizist. Anscheinend bin ich als solcher bekannt in unserer Organisation. Ich bin 57 Jahre jung, bin nach einer verkorksten Ehe geschieden und habe drei erwachsene Kinder. Neben meinem bereits erwähnten Beruf bin ich Selbstverteidigungstrainer, liebe Fitnesstraining und darf Menschen in gesunder Lebensführung beraten.

In einem kleinen Bauerndorf aufgewachsen, wurde ich von meinen Eltern nach der Grundschule auf ein altsprachliches Gymnasium geschickt, weil sie hofften, einer ihrer Söhne könne vielleicht Priester werden. Daraus wurde leider nichts, denn dafür hatte ich viel zu viele Flausen im Kopf. Aber als ich die lateinischen Schriften des römischen Reiches rauf und runter übersetzte, war mir schon als kleiner Bub klar, dass ich unbedingt einmal Rom und seine Bauten im Original sehen musste.

Ebenso erging es mir, als ich vor einigen Jahren begann, die Bibel aufmerksamer zu lesen. Ich bin zwar getauft und wurde christlich erzogen, aber so richtig mit dem Herzen dabei bin ich erst, seit ich Papst Benedikt persönlich kennenlernen durfte und viele Einblicke in die verschiedenen Facetten von Kirche und Glauben bekommen habe.

Ab diesem Moment habe ich die Bibel mit anderen Augen, eben mit den Augen des Herzens gelesen. Ich entwickelte eine Vorstellung dessen, was ich da las, und nun wollte ich auch die Stätten in Israel im Original sehen: die Stätten des Alten Testamentes, wo das Volk Israel lebte und mit Moses und Abraham durchwanderte, die Wüsten und das *verheißene Land*, und ebenso die Stätten des Neuen Testamentes, wo Jesus geboren wurde und aufgewachsen ist, wo er wirkte

Das Gartengrab

und zu seinem Volk sprach, wo er Wunder tat und wo er sich schließlich für uns Menschen kreuzigen ließ.

Als ich nun von dieser *Männerreise* erfuhr, habe ich fast geweint, so sehr hatte ich mir das gewünscht. Ich hätte diese Erlebnisse sicher auch vielen Frauen gegönnt und tu es immer noch, aber eine Reise mit 52 anderen Männern auf Jesu Spuren, das hatte dann schon nochmal einen besonderen Zauber.

Wenn ich heute gefragt werde, was mich in dieser fantastischen Woche am meisten beeindruckt hat: Ich weiß es nicht. War es die Zeit, in der wir allein im Garten Gethsemane waren, wo so viele Herzen geöffnet wurden und die Gedanken kaum noch steuerbar waren? Oder war es die Geburtsstätte in Bethlehem, wo alles begann und der allmächtige Gott arm und klein in den Schmutz dieser Welt kam und er zum ersten Mal erleben musste, dass die Seinen ihn nicht aufnahmen? Oder war es Golgatha und das Gartengrab, wo man direkt neben dem Getriebe der großen Stadt Jerusalem eine beeindruckende Stille spürt und wo wir 53 Männer das Abendmahl feierten? Imposant ist natürlich auch der Anblick des *alten* Jerusalem in seinen mächtigen Mauern vom Ölberg aus, bei dem man sich immer noch vorstellen kann, wie dort das Leben vor 2000 Jahren pulsierte.

Auch die geschichtliche und politische Entwicklung sehe ich heute ganz anders, als es uns die Medien glauben machen. Dafür sei unserem fast allwissenden Fremdenführer ein großer Dank ausgesprochen. Und natürlich darf unser Besuch in der Holocaust-Gedenkstätte nicht vergessen werden. Auch da erlebt man die Geschichte um den Zweiten Weltkrieg, das Leid der verfolgten Juden, aber auch viel anderes Leid eindrücklicher als aus unseren Geschichtsbüchern.

Vielleicht war das Beeindruckendste aber auch gar nicht das, was uns gezeigt wurde, sondern das, was dort passierte. Wie schon erwähnt, mit 52 Männern auf Jesu Spuren unterwegs zu sein, hat schon etwas Mystisches; zu erleben, wie viele Tränen in diesen wenigen Tagen vergossen wurden und wie viele Herzen sich geöffnet haben. Die Lebensgeschichten von *gestandenen* Männern zu hören, die fast zerbrochen wären, aber mit Gottes Hilfe wieder aufgestanden sind, berührte mich dann doch mehr, als ich zulassen wollte. Viele Freundschaften wurden geschlossen, viele Gebete miteinander gesprochen. Mitzuerleben, wie sich einige Männer vor die anderen, die sie teilweise vorher gar nicht kannten, hinstellen und ihr Leben Jesus übergeben und sich daraufhin im Jordan taufen lassen, da erneuert man auch gern seinen eigenen Glauben an Gott und die Liebe zu Jesus Christus.

Und wenn ich jetzt so darüber nachdenke, war das vielleicht doch das größte und wichtigste Erlebnis für mich. Als traditioneller, katholischer Christ, der die letzten Jahre aber auch in und mit anderen Konfessionen unterwegs ist, habe ich mich immer gegen eine zweite Taufe gewehrt. Die Taufe ist für mich kein Ritual, schon gar kein Event und auch kein eigenes Aktivwerden. Taufe ist für mich ein Zustand, in dem ich mich befinde, in der Gnade Gottes, der mir meine Sünden vergibt und mir seinen Heiligen Geist schenkt. Drei oder vier Tage vor der Abreise nach Israel war es aber plötzlich und für mich überraschend fest in meinem Kopf und meinem Herzen: Ich werde mich in Israel taufen lassen! Ich hatte mir das nicht gewünscht oder geplant, ich wusste noch nicht einmal, ob das überhaupt möglich sein würde. Aber es war so fest in mir drin, als wäre es schon lange geplant gewesen. Offensichtlich hat da ein anderer für mich geplant! Und tatsächlich gab es diese Möglichkeit! Und zwar im Jordan, wo auch Jesus getauft worden war. Welche Freude in meinem Herzen!

Und ich war nicht allein. Zehn weitere Männer hatten diesen Entschluss ebenfalls gefasst. Manche schon vorher, manche kurzfristig, manche noch unmittelbar davor. Was für ein Fest!

Bei der Taufe, so wurde uns erklärt, nimmt das Wasser beim Eintauchen das alte Leben mit, wir werden in Christus neu geboren. Das Wasser des Jordans mit all unseren alten Lasten fließt ins Tote Meer, wo kein Leben mehr ist. Ich weiß, dass die Amtskirchen etwas anderes lehren und so mancher jetzt

Den Ausblick genießen.

Beim Gartengrab

nicht damit einverstanden sein wird. Ich war es ja vorher auch nicht. Ich wollte die Taufe eigentlich als Symbol sehen, um der *„Gemeinde der 52 Männer"* und der ganzen Welt, der sichtbaren und der unsichtbaren, zu bekennen, dass ich ein Kind Gottes bin und er mein Vater ist, dass ich mein Leben in seine Hände legen darf und dass niemand mich aus seiner Hand reißen kann. Als ich aber aus dem Wasser heraustieg, fühlte ich mich seltsam leichter und freier; ich spürte ganz real, dass doch einiges von mir abgefallen war, seien es Lasten oder Ketten oder wie auch immer man das bezeichnen mag. Und es war nicht nur das Gefühl dieses besonderen Augenblicks; heute fühle ich immer noch so.

Trotz aller Ungereimtheiten und Probleme in meinem Leben: Es geht mir gut. Ich freue mich jeden Tag meines Lebens und ich weiß, dass ich nie alleine bin. Ich weiß, da ist immer jemand, der mich begleitet und führt, der mich liebt und immer freundlich mit mir spricht. Diese Freundlichkeit will ich auch anderen Menschen schenken, was mir seit diesen Erlebnissen in Israel zusehends leichter fällt. Ich wünsche jedem anderen Menschen, diese Erfahrungen auch zu machen.

Erich Rechtenbacher

■ MATTHIAS, der Dankbare

Ich bin 59 Jahre jung und arbeite als CNC Fräser in der Medizintechnik. Ich war bisher nicht verheiratet und habe keine Kinder.

Gott lernte ich vor vielen Jahren kennen. Es ging für mich um die Sinnfrage des Lebens, und mir wurde klar, dass Gott die einzige Antwort ist! Ich erkannte meine Sünde und Trennung von Gott. Der Kreuzestod Jesu führte mich in die Versöhnung mit ihm.

Für Jesus entschieden habe ich mich 1985 bei einer Jugendfreizeit. Das hat viel verändert. Als meine erste große Liebe zu Ende ging, was sehr weh tat, waren zum Glück Jesus und der Jugendkreis für mich da! Das fing mich auf!

Damals wollte ich jeden bekehren, bis ich eine Abmahnung in der Arbeit bekam! Das verstand ich nicht!

Mit über 50 Männern nach Israel zu fahren, war eine sehr spontane Entscheidung für mich. Ich hatte das Land bereits viermal besucht. Meine erste Reise war 1986 nach Eilat ans Rote Meer gegangen, weil ein Taucher mir Fotos gezeigt hatte und ich ihm diese Farben und Artenvielfalt einfach nicht hatte glauben wollen. Ich war eine Woche in Eilat – und was er mir erzählt hatte, war nicht übertrieben gewesen! Danach war ich noch dreimal in Israel, zweimal mit einer Gruppe und einmal als Einzelreisender. Es hatte mich fasziniert. Im See Genezareth wurde ich getauft, zusammen mit den *vereinten Nationen"* – die anderen waren aus Australien, den USA, Dänemark und Deutschland. Nun war ich neugierig und wollte einfach mal sehen, was sich dort so verändert hat. Und das war einiges! Damals hatte es noch keinen Autobahntunnel unter der Altstadt gegeben und auch keine Grenzen und Mauern nach Bethlehem. Allerdings sind der Tempelberg, die Klagemauer und die Via Dolorosa weitgehend gleich geblieben.

Völlig neu war für mich die Holocaust-Gedenkstätte. Sie hat mich ganz besonders berührt! Persönlich betroffen war ich über den Opfer-Täter-Teufelskreis in diesem satanischen System, dem man so leicht nicht hatte entfliehen können. Das ist für mich auch heute noch aktuell, da die Rollen von Tätern und Opfern oft nah beieinander liegen.

Besonders am Gazastreifen und an der Holocaust-Gedenkstätte wurde mir das *„Liebet eure Feinde!"* sehr bewusst und ich spürte Gott darin. Aber den tiefsten Frieden empfand ich an den Orten, an denen Jesus gelebt und gewirkt hatte.

Für die meisten Männer war es die erste Reise *ohne Anhang*. Mir ist aufgefallen, dass eigentlich alle über ihr Smartphone häufig mit ihren Angehörigen in Verbindung blieben. Trotzdem hatten wir untereinander lange und offene Gespräche. Wenn wir Männer nicht unter uns gewesen wären, hätte es vielmehr Ablenkung durch die Familien gegeben.

Für das Erlebte bin ich sehr dankbar und wünsche allen weiterhin alles Gute und viel Erfolg!

Matthias von Stackelberg

„Denkmal zur Erinnerung an die Deportierten in Yad Vashem"

■ TOM,
das Supertalent

Mein Name ist Thomas, ich bin 35 Jahre alt, bin verheiratet mit meinem Mädchen Suzana. Wir haben einen wundervollen, starken Sohn Samuel (9) und die wunderschöne Prinzessin Mila (2) als Kinder. Ich arbeite als Krankenpfleger auf einer Intensivstation und befinde mich gerade in einer Weiterbildung zum Fachkrankenpfleger. Wir leben in einem Dorf in Süddeutschland zwischen Ulm und Augsburg. Gemeinsam sind wir ein Teil der Christlichen Gemeinde Günzburg und fühlen uns sehr wohl dort. Ansonsten verbringen wir viel Zeit zusammen, sobald mein Wochenend- und Schichtdienst das erlaubt. Ich bin einfach gerne Vater und Ehemann.

Außerdem bin ich an manchen Wochenenden für einen halben Tag als Sänger unterwegs. Musik ist, neben meinem Glauben und meiner Familie, meine große Leidenschaft. 2016 habe ich auf Wunsch meiner Kinder bei einem Casting von *Das Supertalent* in Ulm vorgesungen. Was danach begann, konnten wir uns anfangs nicht vorstellen. Die Reise führte uns über den Goldenen Buzzer direkt ins Finale der Show, bei der ich den zweiten Platz belegte. Das Beste war, dass wir bis zum Schluss gemeinsam als Familie dieses Abenteuer erleben durften und einfach um eine schöne Erfahrung reicher geworden waren. Ich bin Christ! Und das sehr gerne!

Alles fing mit dem ganzen Dreck meiner Kindheit und Jugend und einer Kinderbibel aus Deutschland an. Ich bin in Nordkasachstan aufgewachsen, was eigentlich zu Sibirien gehören könnte, zumindest vom Wetter her. Warmen, kurzen Sommern folgt ein laaaanger, eisiger Winter mit reichlich Schnee.

Ich hatte eigentlich ein ordentliches Elternhaus, jedoch eine unruhige, teilweise unschöne Kindheit und Jugendzeit. Hmm ...

wie soll ich es sagen? Das Leben dort ist einfach rauer. Von Anfang an lernst du besser, dich zu wehren, sonst bist du sehr schnell ein Opfer deiner Umgebung.

Die Beziehung zwischen Papa und Mama war nicht immer rosig. Mein älterer Bruder war ein *Troublemaker* in den fast schon mafiaähnlichen Strukturen der wilden Anfänge in den Neunzigerjahren nach dem Zerfall der Sowjetunion. Keiner wusste richtig, was in der nächsten Zeit so abgehen wird. Die Inflation fraß alles auf, was sich die Leute ihr Leben lang angespart hatten. Wenn du vorher auf deinem Konto den Wert eines Autos hattest, konntest du dir über Nacht dafür ein Päckchen Butter kaufen. Wut und Enttäuschung machten sich über alle Republiken der ehemaligen Sowjetunion breit.

Jetzt galt nur noch *„jeder für sich"*. Ehrlichkeit und Nächstenliebe waren leider nichts mehr wert. Entweder du frisst oder du wirst gefressen. Arbeitslosigkeit, Hoffnungslosigkeit und Wodka – oh Mann, das ist eine explosive Mischung! Die Art Treibstoff, die dich sehr schnell weg von der Menschlichkeit, vor allem aber immer nach unten treibt!

Fast jeder wurde *Businessman*. Du hast irgendwo etwas organisiert, um es danach mit Gewinn zu verkaufen. Brüchige Beziehungen und Korruption waren unumgänglich geworden. Die ganze Nation fühlte sich auf sich allein gestellt. Die Regierung war in Schockstarre und hatte erst mal mehr als genug mit sich selbst zu tun.

Dieser ganze Druck auf die Seelen der Menschen wurde vorwiegend mit Wodka runtergespült. So war es nun mal. Du konntest das ganze Übel, das um dich herum und mit dir passierte, die ganzen schlechten Entscheidungen, die du treffen musstest, all die Enttäuschungen, nicht lange aushalten, ohne sie mal zu betäuben! Und es wurde ordentlich betäubt!

In dieser explosiven Zeit wuchs meine Generation fast nebenbei auf – viel Zeit mit sich allein, sehend, dass nur der Stärkere sich durchsetzt. Unsere Eltern mussten sich neu orientieren, um den Lebensstandard zumindest zu halten. Mein Vater war gut im Organisieren und ging weiter seiner Arbeit nach. Mein Bruder entdeckte, wie man sein Geld auch anders verdienen kann, und er feierte gerne. Das brachte uns oft massive Probleme mit der *Miliziya*, der Polizei, ein. Häufig musste der ganze Gewinn, den meine Eltern auf dem wöchentlichen Basar einbrachten, an Anwälte und zum Schmieren von Beamten usw. ausgegeben werden. Meine Eltern zerbrachen fast unter dieser Last, vor allem die Mama. Sie ging trotzdem weiter arbeiten, kümmerte sich um ihre bettlägerige Mutter, den alternden Vater und um mich, ihren jüngeren Sohn, der ein starker Asthmatiker war. Sie war unser Fels in der Brandung. Auch der Vater versuchte meistens alles zu geben; allerdings fiel er oft krachend hin, um dann doch wieder aufzustehen und weiterzumachen.

Keine Ahnung warum, wahrscheinlich von der Mutter geerbt, hatte ich einen ausgeprägten Gerechtigkeitssinn. In dieser Zeit war das nicht unbedingt nützlich. Ich lernte zwar schnell, mich zu wehren, aber die ganze Ungerechtigkeit nagte an mir. Ich half oft demjenigen, auf dem viele herumhackten, dem Opfer; gleichzeitig konnte ich aber sehr zornig und aggressiv gegenüber dem vermeintlichen Täter sein. Ja nichts gefallen lassen! Sich stets als überlegen präsentieren! Funktionierte das nicht, forderte man den anderen, oder der andere dich, zu einem Duell *posle Schkoly* (nach der Schule) heraus. Bist du nicht erschienen, sprach am nächsten Tag die ganze Schule davon. Also hin, ganz klar! Dort wurde geschlagen bis einer aufgab. Ich habe es gehasst, ständig diese Anspannung! Aber von nix, kommt nix. Sonst wirst du ab morgen ständig angemacht. Dabei half mir oft, dass die ganze Stadt meinen großen Bruder kannte, sein Name hatte Gewicht. Nur um welchen Preis?

Zu viele Bilder, die kein Kind dieser Welt sehen sollte und über die ich hier nicht sprechen werde. Fast jeder denkt, seine Geschichte ist die abgefahrenste und die schlimmste. *„Ich habe so viel durchgemacht"*, heißt es dann, *„dass ich depressiv wurde und mich zu ritzen begann."* Oder: *„Ich habe versucht, mich selbst umzubringen, weil ich es nicht ertragen konnte."* Hmm, um sich so mit seinen Gefühlen zu befassen,

53 Männer

hätte man damals weder Zeit noch Nerv gehabt. Man war zu beschäftigt, um irgendwie durchzukommen.

Das Böse hatte Sibirien in dieser Zeit fest im Griff. Und ich sah dem Bösen oft dabei zu, was es mit und aus den Menschen und ihren Taten machte. Auch erlag ich selbst oft dem Bösen und machte mit. Habe selbst genug Schmutz angesammelt. Zu viel Leid, Streit, Wut, Blut und Verzweiflung, Perversität. Und ich war ein Teil davon.

Natürlich war nicht alles schlecht. Die seltenen Pakete aus Deutschland, die uns von dorthin ausgesiedelten Freunden und Familien gesendet wurden, waren ein Fest! Wow! Das werde ich nie vergessen. Die ganzen Köstlichkeiten und Geschenke waren der Hammer!

Eines der Geschenke war eine Kinderbibel. Ein illustriertes Buch auf Deutsch und Russisch. Ich verschlang dieses Buch. Die Geschichten aus dem Alten Testament, von einem mächtigen Gott, der den Menschen, die auf ihn vertrauen, sogar die Fähigkeit gibt durchs Feuer zu gehen und einen Löwen zu besiegen, beeindruckten mich schwer.

In meinem jugendlichen Glauben begann ich, Gott auf die Probe zu stellen. Und wisst ihr was? Es funktionierte! Ich bat Gott und seinen Sohn, Jesus Christus, in den für mich damals traurigsten und ausweglosesten Situationen um seine Hilfe. Und oft geschahen einfach wundervolle Dinge, die mir zeigten: ER ist da für dich! Heute denke ich, Gott hatte oft ein Lächeln im Gesicht, wenn er meine Reaktion auf ein erhörtes Gebet sah. Ich wollte nicht mehr ohne ihn sein! Ganz einfach!

Das Neue Testament und die Geschichte über Jesus und seine Wunder waren dagegen voller Liebe und in den Augen eines Jungen etwas leiser. Ich verstand einfach nicht, warum sich Gottes Sohn von Römern und Juden kreuzigen ließ. Er war Sohn Gottes! Ein Fingerzeig und Armeen von Engeln hätten für ihn ... dann ging in meinem Kopf der nächste Kampf ab. An seiner Stelle hätte ich euch alle ... §/"%$/& ...! Ich verstand damals die Sache mit dem Kreuz einfach nicht.

Erst später wurde mir klar, dass Jesus es freiwillig getan hatte. Für mich, für dich, für uns. Er war das perfekte

„Schlachtopfer", als Einziger ohne Sünde. Er nahm den ganzen Dreck von mir und von dir und von uns allen und ging damit ans Kreuz. Dieses Schlachtopfer ist so perfekt vor Gott, dass es bis heute ausreicht, nur daran zu glauben, um vor Gott zu bestehen. Man kann sich Gottes Anerkennung nicht verdienen. Mit nichts! Keine Spende, kein Halten der Gebote, keine Pilgerreise und keine Selbstbestrafung. Sonst wäre Gott bestechlich oder käuflich. Das nennt sich Gnade: Du bekommst etwas geschenkt, obwohl du es nicht verdienst.

Ich verdiente es nicht, ganz sicher nicht! Zu viel Schmutz angesammelt, zu viele falsche Entscheidungen getroffen, zu oft enttäuscht worden und zu oft andere enttäuscht. Aber ich glaube von ganzem Herzen an das Kreuz, und dass Jesus dort auch meine Schuld ans Holz genagelt hat. Und dass sein Blut, das damals vom Holz tropfte, auch für mich reicht. Ich glaube, dass er die Sünde und den Tod besiegt hat. Weil sein Opfer vor Gott so perfekt war, sagte Gott: Es ist genug für Alle und für alle Zeit! Ihr müsst nur an den glauben, der für euch geblutet hat. An meinen Jungen, den ich für euch hingegeben habe, obwohl mein Herz blutete! An meinen Sohn Jesus Christus!

Mit der Aussiedlung der Familie nach Deutschland wurde es nicht viel besser. Waren wir Russlanddeutsche dort in der Sowjetunion noch die Deutschen, oder früher auch manchmal „die Faschisten", so waren wir jetzt in Deutschland nur noch die Russen.

Die erste Welle der Aussiedler, Ende der Achtziger, Anfang der Neunziger, versuchte noch zu beweisen, dass wir Deutsche sind, was fast schon lächerliche Züge annahm. Aus Wladimir wurde Waldemar, aus Andreas wurde Heinrich, aus Artjom wurde Thomas usw. Manche Eltern sagten zu ihren Kids: „Spiel nur mit deutschen Kindern, nicht mit Russen! Du musst schnell Deutsch lernen!" Mann, wir gaben uns der Illusion hin, sofort superdeutsch zu sein! Für die Deutschen waren wir nur die Russen, basta! Egal, was wir ihnen erzählten. Das war der zweiten und der dritten Welle, die etwas später nach

Deutschland kam, irgendwann egal. *Nenn mich wie du willst, deutscher Junge, aber lass mich in Ruhe, sonst klären wir es auf die sibirische Art.*

Dort noch eine studierte Ingenieurin, wurde meine Mutter hier zu einer Putzfrau, die sich von ganz unten wieder hocharbeiten musste. Mein Vater und Bruder wurden Arbeiter. Und ich, der dort ein Gymnasium besucht hatte, wurde in die bayerische Hauptschule gesteckt. Perspektive? Nur knapp über null. Also wieder die Straße.

Wir hingen ab! Russen, Jugos, *„Kanaken"*, Griechen, Rumänen. Das war unsere Crew . Jedoch eins hat uns immer ausgemacht: Jeder deutschstämmige, der korrekt war und es wollte, konnte bei uns mitmischen. Kein Problem! Davon gab es aber nicht viele. Wir waren halt die Kanaken. Aber wir hatten immer die besten Partys und liefen nicht weg, wenn es Stress gab, den wir oft selbst verursacht hatten.

Die Masadabahn

Einfach wieder keine Perspektive und eine Mischung aus Alkohol und Rauschgift. Es zog mich wieder nach unten. Und doch: Durch all die Zeit hat mich mein Gott nicht vergessen. Und ich meinen Gott nicht. Nur war ich in dieser Zeit wie der verlorene Sohn. Flog ich mit dem Gesicht in den Dreck oder tauchten durch die Dinge, die wir drehten, Probleme auf, fand man mich schon auf den Knien. Zumindest das hatte ich nicht verlernt. Christus begleitete mich durch all die Jahre, hatte Geduld mit mir, war uns gnädig, wirkte Wunder, als ich dachte, es sei vorbei jetzt. Ich konnte nur staunen und danke sagen!

Deutschland war geduldig mit uns, und mit der Zeit war es auch gut zu uns. Und wir gaben Deutschland eine Chance. Es wurde eine Liebe auf den zweiten Blick. Jetzt, Jahrzehnte später, sind die Aussiedler aus der ehemaligen Sowjetunion meist sehr gut integriert, vielleicht, weil wir halt auch was Deutsches in uns haben, ob ihr es glaubt oder nicht. Wir sind gekommen, um zu bleiben. Später traf ich ein Mädchen, mein Mädchen, aber das ist eine andere Geschichte ...

Bis heute falle ich fast täglich hin. Mache Fehler. Stehe wieder auf, um im nächsten Moment wieder hinzufallen. Was ich anders mache? Ich habe gelernt zu knien. Vor meinem Gott. Ich bete und rede mit meinem Gott wie mit meinem besten Freund, meinem Vater. Keine auswendig gelernten Gebete, nein. Sondern vom Herzen! Alles, was mich beschäftigt, bedrückt oder aber so freut, dass ich vor Glück platze, alles lege ich auf Knien hin. Das ist meine Kraft zum Leben.

Vor Jahren las ich ein Buch von Michael Stahl. Es hat mich berührt. Ein Junge von der Straße – wie ich. Mag Kampfsport, wie ich. Hasst Ungerechtigkeit und Mobbing – wie ich. Liebt Jesus – wie ich. Ein ganzer Kerl halt. Das imponierte mir sehr. Oft vergessen christliche Männer, dass sie immer noch Männer sind, habe ich das Gefühl. Aber Gott braucht Männer! Mit all ihren Stärken und Schwächen. Und so einer ist der Micha. Nach dem Abenteuer mit *Das Supertalent* hatte ich den Eindruck, ihn mal anschreiben zu müssen. Kurze Zeit später schrieb mir Micha, dass seine Frau Sandra und er an diesem Abend zufällig diese Sendung angeschaut und meinen ersten Auftritt mit dem Goldenen Buzzer gesehen hatten. Es habe sie beide berührt, sagten sie, und sie hätten gespürt, dass ich Christ bin. Sandra zu Michael: *„Den müssen wir unbedingt mal kennenlernen!"* Michael zu Sandra: *„So Gott will, werden wir das!"*

Nach regem Kontakt in den nächsten Wochen und einem Besuch bei Michael zu Hause, wo wir uns als Teil der Familie fühlten, wurden wir Freunde. Es war etwas ganz Besonderes. Ich glaube sogar, Liebe auf den ersten Blick . Irgendwann dazwischen kam die Einladung, mit über 50 Männern nach Israel zu fliegen. Eine Rundfahrt auf den Spuren Jesu. Mann! Mein Männerherz wurde angezündet! Ein Lebenstraum stand im Begriff, wahr zu werden. Jetzt musste ich nur noch mit meiner Frau reden.

Festung Masada, im Hintergrund das Tote Meer

Meine Suzana! Mein Mädchen! Was soll ich sagen? Du bist einfach mein Herz! Du hast nicht mal überlegen müssen, obwohl wir immer vorhatten gemeinsam hinzufliegen. Hast einfach die besondere Situation erkannt, und hast JA gesagt. Wie damals, Ende der Neunziger, als noch ein Junge um deine Hand anhielt. Bis ich die Augen in dieser Welt schließ', werd' ich dich lieben!

Bereits am Flughafen spürte ich die Verbundenheit der Truppe. Ich wusste, es wird was Besonderes! Handshakes und Umarmungen, erst mal die Namen merken ... Eine gewisse Spannung war in der Luft. Es roch nach Abenteuer und Testosteron ...

Den ganzen Abend und die Nacht unterwegs, ein verlorener Koffer, ein schnelles Frühstück – hundemüde, aber glücklich sind wir angekommen. Kein Stress, keine Beschwerden, kein Genörgel. Israel! *The Boys are back in town!*

Ein Bus, bis auf den letzten Platz voll mit Männern. Ab ging die Fahrt! Das Programm voll, die Zeit immer knapp. Aber wir waren da, um was zu sehen. Und das haben wir!

Wir saßen im Toten Meer. Sahen Abrahams Brunnen. Waren an der Grenze zum Gazastreifen, begleitet von einer Polizeieskorte. Besuchten Herodes' Festung, eingehauen in

Viel Spaß gehört dazu!

die Spitze eines Berges, mitten in der Wüste. Schliefen in einem Kibbuz. Fuhren mit Jeeps in der Wüste Negev. Sahen den Berg der Versuchung in Jericho. Angekommen auf dem Ölberg, gingen wir runter nach Jerusalem mit seinen engen Gassen und all den Sinneseindrücken. Ich steckte einen Liebesbrief meiner Frau in die Klagemauer und dachte an sie.

Wir zollten unseren Respekt und weinten an der Gedenkstätte Yad Vashem, wo an die Millionen Toten des Holocaust erinnert wird. Wir tauften im Jordan! Wir schipperten mit Lobliedern über den See Genezareth, hielten Abendmahl in Jerusalem und waren an dem Platz, wo die Fünftausend satt wurden. Wir übernachteten mehrere Nächte in Bethlehem, sahen Straßenkämpfe und Barrikaden. Wir verstanden ein wenig das Leben in diesem Schmelztiegel der Kulturen. Wir waren dort. Wir sahen jeden Tag so viel, dass wir jeden Abend platt ins Bett fielen. Jedoch mit einem Lächeln im Gesicht.

Ich denke aber, dass jedes Männerherz etwas Eigenes aus Israel mitgebracht hat. Darum soll es ja in diesem Buch gehen.

Mein Herz berührte der Garten Gethsemane. Dort hielten wir eine bewegende Andacht. Ich durfte singen. Singen für meinen Gott, im Garten Gethsemane, das werde ich nie vergessen! Danach hatte jeder ein wenig Zeit für sich.

Irgendwie habe ich mir diesen Ort genau so vorgestellt. Ich setzte mich auf einen Baumstamm und schaute runter auf Jerusalem. So hat auch mein Gott hier gesessen und auf seine Stadt geschaut. An den Bäumen angelehnt, schliefen seine Jungs, obwohl sie wachen sollten. Hier, an diese Steine gestützt, hat er für mich Blut geschwitzt und Angst gehabt, bis die Engel kamen und ihn trösteten. Hier sah er die Fackeln, die nachts aus Jerusalem heraufzogen, um ihn zu stellen. Hier wurde er verraten. Hier zog Petrus sein Schwert, um zu kämpfen, aber da hatte Jesus seine Entscheidung schon getroffen. Er ging freiwillig mit. Für dich und für mich. Damit wir das vor Gott nicht tun müssen. Hier sitze ich nun, und meine Tränen fallen auf den gleichen Boden, wo die meines Gottes hinfielen. Ich bin dankbar für diesen Moment. Ich würde so

Aus der Tränenkirche

gerne länger hierbleiben, aber die Gruppe muss weiter. Als Letzter verlasse ich den Garten.

Nach diesem Tag, mit Andacht in Gethsemane und Abendmahl in Jerusalem, sind unsere Herzen bewegt. Man konnte es sehen und fühlen. In Bethlehem angekommen, aßen wir zu Abend und versammelten uns zur Predigt eines arabischen Christen, dem Besitzer des Gästehauses, Johnny Shahwan. Die Predigt war unkompliziert und kam von Herzen. Am Ende des Abends machten sieben Männer eine klare Sache mit Gott und übergaben ihm ihr Leben. Ich saß nur da und dachte, wie unkompliziert es ist. Ein einfacher Ruf: *Kehr um, mach Frieden mit Gott!* Die Gemeinschaft der 53. Das lebendige Heilige Land. Und die Herzen, die von Gott vorbereitet waren, haben diesen einfachen Ruf gehört. Was für ein Moment!

Mit mir gereist war ein junger Bruder aus unserer christlichen Gemeinde, Daniel. Ein toller, hübscher junger Mann und gerade dreiundzwanzig geworden. Wir verstehen uns einfach gut, er ist wie ein kleiner Bruder für mich! Es war mir eine Freude mitzuerleben, wie der junge Mann die Zeit dort genoss. Wir hatten tolle Gespräche und lachten sehr viel. Außerdem lernten wir Sascha kennen; wir verstanden uns auf Anhieb besonders gut. Wir hatten gute Gespräche. Ehrliche Gespräche, direkte Fragen und überdachte Antworten. Männerherzen wurden bewegt. Christus war unter uns.

Am Jordan, wo sich mehrere Männer taufen ließen, kam Sascha auf mich zu und fragte, ob ich bei seiner Taufe mitwirken wolle. Ihr müsst wissen, es war gar nicht geplant. Christus machte ihm klar: Es ist gut Junge! Komm jetzt endlich mal an! Jetzt und hier ist es richtig! Und Sascha spürte es einfach. Ich durfte daran teilhaben; mir kamen fast die Tränen. Es war ein Privileg für mich! Michael und ich gingen mit Sascha ins Wasser, tauchten ihn unter und beteten für ihn. Wie damals, vor rund 2000 Jahren, als Jesus sich von Johannes im gleichen Fluss taufen ließ. Ich war sehr glücklich und berührt in diesem Augenblick!

Neben vielen anderen Erlebnissen mit wundervollen Menschen waren dies meine Momente, die mein Männerherz bewegten. Es gab noch viele andere Ereignisse, die aber hier den Rahmen sprengen würden und ein extra Buch füllen könnten. Ich bin jedem einzelnen Mann, der dabei war, tief verbunden. Wir waren ein cooler Haufen aus verschiedenen Kirchen und Gemeinden, die aber einer zu 53 Brüdern machte: unser Herr und Gott, Jesus Christus.

Thomas Stieben

www.thomasstieben.de
oder Facebook: Thomas Stieben official

■ GERD, der mit dem Wolf tanzt

Im Jahr 1973 erblickte ich als jüngstes Kind von zwei weiteren Geschwistern das Licht der Welt. Der Anfang auf diesem Erdball war alles andere als leicht für mich, denn beide, mein Vater und meine Mutter, waren viel zu unreif und sozial instabil, um Eltern sein zu können. Ich glaube, meine Mutter war 17 Jahre alt, als sie mich geboren hat. Das Jugendamt nahm mich meinen Eltern das erste Mal im Alter von einem Jahr ab und zum zweiten Mal im Alter von dreieinhalb Jahren. Grund war Verwahrlosung und wohl eine Suchtproblematik meiner Eltern. Heute bin ich 44 Jahre alt, verheiratet und selbst Vater von zwei Kindern. Ich arbeite beim Roten Kreuz als Rettungssanitäter und in meinem eigenen Betrieb, einem Hundezentrum im mittelfränkischen Raum.

Uwe, der auch dabei war, schlug mir die Teilnahme an der Israelreise vor. Michael Stahl, einer der Veranstalter, war mir ebenfalls bekannt. Und so überwand ich einen Teil meiner Flugangst und meldete mich an. Da mir Israel aus der Bibel bekannt war, wollte ich dieses Land schon seit langer Zeit besuchen.

Schon das Treffen mit den „52" war etwas Besonderes, da eine reine Männerreise schon eine Seltenheit für mich darstellte. Je mehr Zeit verging, und das war bereits am Flughafen zu spüren, desto entspannter wurde es. Die anfangs eher angespannten Gesichter der Männer wurden zunehmend lockerer, und bei manchem begann die raue Schale zu bröckeln.

Anfangs konnte ich es gar nicht fassen, im Verheißenen Land zu sein. Das Gelobte Land, von dem ich so viel gelesen hatte, und die Israeliten, ein Volk, von Gott auserwählt – wow – ich war überwältigt! Alle diese Eindrücke auf Papier zu bringen, würde den Rahmen sprengen, deshalb konzentriere ich mich auf den Teil der Reise, der am meisten in mir bewirkte:

Wir Männer versammelten uns im Garten Gethsemane und hielten eine Andacht. Das Wissen, dass unser Herr Jesus Christus in diesem Garten aus Angst gebetet, Tränen vergossen und Blut geschwitzt hat, entfachte nicht nur in mir eine tiefe Traurigkeit. Michael erzählte uns von Jesus und von seinem Leben, was allein schon zum Nachdenken anregte. Doch die Stimmung, die biblische Umgebung und das Wissen um Jesus ließ mich nicht mehr länger schweigen. Ich öffnete den Mund und erzählte von meinem Leben als Christ, davon, dass ich immer wieder in die sündige Natur des Menschen falle. Doch ich durfte den Sieg Jesu am Kreuz bezeugen, der über meine Sünde die Vergebung ausgegossen und mir damit aus Gnade eine wunderbare Rettung ermöglicht hat. Tränen der Beschämung, der Demut und der Erleichterung brachen aus mir hervor und ich weinte und betete im selben Garten wie Jesus Christus, unser Herr.

Nach diesem Ereignis musste ich an IHN denken, der hier an diesem Ort, so menschlich und verletzlich war, wie es ein Mensch nur sein kann. Verletzlich wie wir 53 Männer, ohne die raue Schale, die das Leben oft abverlangt. Gott selbst hat sich als verwundbarer Mensch in seinem Sohn Jesus Christus offenbart, dem Sohn, der genau die Emotionen zeigen konnte, die gerade wir Männer zu oft unterdrücken. Dabei ging es bei Jesus um so viel mehr, da er die Sünde der ganzen Menschheit auf sich lud und durch seinen schrecklichen Tod als unschuldiges Opfer am Kreuz für uns bezahlte.

Es liegt nun an jedem Einzelnen selbst, dieses Geschenk anzunehmen und nach Gottes wunderbarer, rettender Hand zu greifen, indem das Opfer Jesu im Gebet angenommen wird. Das Kreuz, sinnbildlich der Tod, ist nicht das Ende – Jesus ist auferstanden und hat den Tod überwunden. Er ist das Leben, und das Leben darf mit IHM weitergehen, wenn wir an IHN glauben! Das Gebet Jesu im Garten Gethsemane war ein wichtiger Schritt zu unserer Erlösung, Jesus wusste, was ihn erwartete, und er schloss uns Menschen ins Gebet mit ein. Er ist unser Sieger, denn was wir niemals erreichen können, hat er durch seinen Tod und die Auferstehung längst erreicht und getan!

Bitte unseren Herrn Jesus Christus in dein Herz und um Vergebung deiner sündigen Natur sowie der Sünde in deinem Leben. Wenn du Jesus wirklich finden willst, wird er sich finden lassen! Du darfst dich durch Jesus Christus ein Kind Gottes nennen. Durch ihn wirst du rein und kannst die Ewigkeit wählen. Wähle das Leben (Jesus), damit du leben wirst! Ich freue mich auf dich!

Gerd Schuster

■ ... und noch ein MICHAEL STAHL :-)

Wer ich bin? Nun, ein zielstrebiger, einigermaßen sportlicher, verlässlicher, fest im Glauben stehender, jung gebliebener, naturverbundener und bodenständiger Typ, der sein Herz am rechten Fleck trägt, so würde ich mich beschreiben.

Erzogen wurde ich streng katholisch. Ich musste jeden Sonntag in die Kirche. Und als Ministrant zu dienen war selbstverständlich. Es gab viele Sonntage, an denen ich nicht gehen wollte, weil dieser routinierte Ablauf der katholischen Gottesdienste mich nicht berührte. Aber dies ließ mein Vater nicht zu. Er vertrat die Meinung, so lange ich meine Füße unter seinen Tisch stelle, müsse ich einmal in der Woche in die Kirche gehen. Also ging ich, um des lieben Friedens willen.

Es war nur eine Frage der Zeit, bis ich auf eigenen Beinen stand und von meinem Elternhaus auszog. Nun konnte ich meine freien Sonntage selbst gestalten und die Kirche rückte immer mehr in den Hintergrund. Es dauerte auch nicht lange und mein Leben geriet völlig aus den Fugen. Nun bestimmten Alkohol, Drogen und körperliche Auseinandersetzungen mein Dasein. Ich flüchtete mich von einer oberflächlichen Beziehung in die nächste. Mit etwa 24 Jahren bekam ich den Drogenkonsum und die Auseinandersetzungen wieder in den Griff, aber der Abstand zu Gott blieb.

2007 lernte ich ein Au-pair-Mädchen aus Jewpatorija kennen, und zwei Jahre später heirateten wir. Diese Beziehung ging wegen unüberbrückbarer Differenzen nach genau fünf Jahren zu Bruch. Nun wiederholten sich die oberflächlichen Beziehungen zu den Damen, und in meinem Inneren wurde es immer leerer.

Im Spätsommer 2016 ging ich des Öfteren zum Wandern in die Berge, um die Natur zu genießen und über mein Leben nachzudenken. Es war ein sonniger Sonntag, als ich mich entschloss, eine Wanderung auf den Aggenstein zu unternehmen. Auf dem letzten Stück war Trittsicherheit Voraussetzung. Ich hangelte mich gerade an einem Stahlseil entlang, als ein oberläufiger Wanderer einen Felsbrocken in der Größe eines Fußballs lostrat, der mit hoher Geschwindigkeit auf mich zukam. Ich wusste nicht, wohin ich ausweichen sollte, da der Fels ständig im Zickzack hin und her sprang. Aus irgendeinem Grund machte ich einen Schritt nach vorne, und der Fels schlug in meinen Rucksack ein. Ohne großartig darüber nachzudenken, setzte ich meine Wanderung bis zum Gipfelkreuz fort. Erst auf dem Nachhauseweg registrierte ich, wie viel Glück ich eigentlich gehabt und dass Gott seine schützende Hand über mich gehalten hatte.

Seit diesem Zeitpunkt besuche ich wieder jeden Sonntag den Gottesdienst, jetzt aber in einer Freien evangelischen Gemeinde. Ich spüre, wie Gott mein Herz berührt und wie er an meinem Charakter feilt. Ich bin Gott unendlich dankbar dafür und gespannt, was er noch so alles mit mir vorhat!

Wie kam ich nun auf die Idee, mit über 50 Männern nach Israel zu fahren? Im Herbst 2016 war ich auf einem Vortrag von Michael Stahl im Ostallgäu. Mich hatte sein Bericht total berührt, weil ich teilweise Ähnliches erlebt hatte. Ich ging also anschließend zu ihm hin und sagte ihm, wie toll ich seinen Vortrag fand. Er fragte mich nach meinem Namen, und ich antwortete ihm mit einem verschmitzten Lächeln, dass ich wie er Michael Stahl heiße. Somit war das Eis gebrochen und wir umarmten uns, tauschten uns aus, ob wir vielleicht Verwandte wären und hielten den Moment in Bildern fest.

An diesem Abend, der von Christen im Beruf organisiert wurde, gab es einen Bereich mit Büchern von Michael und den verschiedensten Flyern, unter anderem einer, der auf diese Männer-Israelreise hinwies. Am nächsten Tag las ich mir diesen Flyer noch einmal genauer durch und stellte fest, dass sich noch weitere Prominente auf dieser Reise angemeldet hatten, wie Alexander Dimitrenko und Gerhard Wittig.

Ich überlegte kurz und stellte fest, dass mir der Name „*Dimit-renko*" bekannt vorkam. Dann kam ich darauf, dass ich vor etwa sieben Jahren mit seinem Bruder Anton in seiner Heimatstadt Jewpatorija das ein oder andere Bier getrunken hatte. Jewpatorija ist eine Stadt auf der Krim, direkt am Schwarzen Meer. Ich war damals des Öfteren dort zu Besuch, weil meine Exfrau aus dieser Stadt kam.

Ich brauchte nicht lange für meine Entscheidung, und es stellte sich für mich nur noch die Frage, wann die Reise losgeht, damit ich bei meinem Arbeitgeber rechtzeitig Urlaub einreichen konnte.

Ich trat diese Reise ohne große Erwartungen an. Ich wollte nur Michael Stahl wiedertreffen, Alexander Dimitrenko näher kennenlernen und natürlich noch ein paar Sehenswürdigkeiten besichtigen.

Als wir mit dem Flieger am Morgen in Tel Aviv ankamen, wurden wir zum Frühstücken ins Neot Kedumim gebracht. Dort beteten und sangen wir zum ersten Mal gemeinsam und ich spürte, dass dies eine besondere Reise werden würde. Wir verstanden uns alle auf Anhieb bestens und es begannen sich sofort Freundschaften zu bilden. Diese Gruppe von Männern kann nicht zufällig entstanden sein. Hier war der Heilige Geist allgegenwärtig. Ich genoss es jeden Tag und jede Minute, in dieser Männergemeinschaft auf den Spuren Jesu unterwegs zu sein.

Jeeptour durch den Ramon-Krater

Ein ganz besonderer Moment war für mich im Garten Gethsemane. Erst hielten wir zusammen eine Andacht. Und als Tom das Lied *„Quelle des Lebens und der Freude Quell"* anstimmte, wurde mir so richtig bewusst, dass Gott alle Schmerzen meines Lebens auf sich genommen hat. Er liebt mich, wie er seinen Sohn liebt. Jesus kam auf diese Welt, um mir zu sagen, dass er meine Sünden nicht länger anrechnet. Jesus starb, damit ich wieder versöhnt werden kann. Sein Tod war der extremste Ausdruck seiner Liebe zu mir. Er hat alles für mich aufgegeben, weil er meine Liebe gewinnen will. Er hat mich hier im Garten total berührt.

Was mich auch umgehauen hat, waren die verschiedenen Lebenszeugnisse der unterschiedlichsten Männer unserer Gruppe. Dies ging so weit, dass einige Männer zum Glauben kamen und sich im Jordan taufen ließen. Das war einfach nur stark!

In der letzten Nacht wurde ich total unruhig, wachte ständig auf und bekam die Eingebung, für meine Söhne zu beten.

Am Morgen beim Frühstücken fragte ich Michael Stahl, ob er sich heute kurz Zeit nehmen könne, um mit mir zu beten. Er fragte nach, um was es gehe, und meinte, wir sollten noch jemanden hinzunehmen, da Jesus damals schon gesagt habe: *„Wo zwei oder drei in meinem Namen versammelt sind, da bin ich mitten unter ihnen."* Mir fiel nur einer ein, der mit uns beten sollte, und das war Alexander Dimitrenko. Ich fragte ihn und er sagte sofort zu. Dadurch, dass wir immer in Zeitdruck waren, weil wir jeden Tag viele Besichtigungen vor uns hatten, blieb uns nur noch am Flughafen Zeit zu beten. Ich erzählte den beiden, dass ich für meine Söhne beten möchte, weil sie im Moment vom Glauben abgekommen seien. Michael meinte, das könnten wir gerne tun, besser wäre es aber, noch weiter in meinem Leben aufzuräumen.

Dies nahm ich nach unserer Rückkehr nach Deutschland auch in Angriff. Ich besuchte noch am selben Tag meinen Vater am Grab. Ich betete und versöhnte mich mit ihm. Anschließend ging ich zu meiner Mutter, nahm sie in den Arm und sagte, dass ich sie liebe, und erzählte ihr von dieser großartigen Reise.

An dem darauffolgenden Wochenende fragte ich meine Söhne, ob sie Zeit für mich hätten und mich besuchen kämen. Gemeinschaft mit meinen Söhnen zu haben, ist nicht einfach, weil sie zum einen zwischen Ingolstadt und Regensburg leben und zum anderen immer sehr beschäftigt sind. Umso mehr freute es mich, als sie mir zusagten. Somit konnte ich von der tollen Reise erzählen. Im Anschluss berichtete ich ihnen von meinem Leben und erzählte ihnen – in der Hoffnung, dass sie umkehren – von meinen Erfahrungen aus der Zeit, als ich noch ohne Gott gelebt hatte.

Heute bin ich Michael und Alexander dankbar für ihre Tipps, die sie mir gegeben haben. Nun bin ich wirklich frei!

Michael Stahl

■ DANIEL, der Liebevolle

Mein Name ist Daniel Ungar und ich bin 23 Jahre alt. Ich habe noch zwei Brüder und eine Schwester. Meine Eltern kommen gebürtig aus Rumänien und sind Anfang der neunziger Jahre nach Deutschland gekommen. Wir Kinder sind alle in Deutschland geboren. Mein leidenschaftliches Hobby ist Fußball; seit ich sechs Jahre alt bin, spiele ich regelmäßig in Vereinen.

Ich komme aus einem christlichen Elternhaus und gehe von klein auf in unsere christliche Gemeinde in Günzburg. Mein großer Bruder und ich sind zusammen in die Kinderstunde und später in die Jugendstunde gegangen. Ich versuche auch aktuell, jeden Sonntag in den Gottesdienst zu gehen.

Als ich zwölf Jahre alt war, lag ich einmal im Bett und konnte nicht einschlafen, weil mich damals eine Frage schwer beschäftigte: Wenn ich heute sterben würde (oder egal wann) und Jesus nicht in meinem Herzen aufgenommen habe, wo werde ich dann in der Ewigkeit sein? Diese Frage hat mich in der Nacht so beschäftigt, dass ich meinen Bruder aufweckte und mit ihm darüber reden musste.

Es ging mir nach dem Austausch auch besser, aber nachdem mein Bruder wieder eingeschlafen war, lag ich wieder im Bett und konnte die Gedanken nicht freikriegen. Mir wurde bewusst, dass ich klare Sache mit Jesus machen sollte. Es ging so lange, bis ich mitten in der Nacht weinend meinen Vater weckte und ihm erklärte, ich müsse ihm was sagen. Mein Vater stand natürlich gleich auf und ging mit mir in die Küche. Ich sagte ihm, dass ich mein Leben Jesus übergeben will und er der Herrscher über mein Herz werden soll. Mein Vater betete mit mir, und ich gab mein Leben Jesus hin. Ich wusste damals genau, dass ich das zu hundert Prozent wollte. Danach ging es mir besser, mein Herz war einfach gestillt und ruhiger.

Natürlich mache ich nach wie vor meine Fehler und habe meine Sünden, die jeder Mensch tut. Aber ich weiß, dass ich zu meinem Jesus gehen kann und er für mich da ist. Ich habe so ein Geschenk bestimmt nicht verdient, aber wer hat das schon. Jesus ist für jeden da, der ihn sucht und hat die Schuld von jedem Menschen auf sich geladen, damit wir alle die Möglichkeit haben, zum Vater zu gelangen.

Ich denke, dass ich nach Israel mitreisen durfte, war Gottes Wille, und so war das, glaube ich, bei jedem, der dabei war. Vor allem wie die Reise überhaupt zustande kam, was für Geschichten sich da abspielten! Jeder wusste, da kann eigentlich nur Gott seine Hand im Spiel gehabt haben!

Mir ging es in der Zeit vor der Reise nicht besonders gut, weil ich von einem Tiefschlag in den nächsten geriet und mich ständig fragte, wann es mal wieder bergauf geht. (Auch jetzt läuft noch nicht alles, wie ich mir das wünschen würde, aber ich versuche auf Gott zu vertrauen, dass er das Richtige für mich bereithält.)

Ruinen von Beersheba

An einem Sonntagmorgen saß ich in der Gemeinde. Kurz bevor der Gottesdienst anfing, kam Thomas Stieben mit seiner Familie herein. Er kam zu mir, umarmte mich, drückte mir noch einen Kuss auf die Wange und sagte: *„Junge, wir sollten mal reden, komm mal bei mir zu Hause vorbei!"* Er hatte gemerkt, dass mich etwas bedrückte. Ab diesem Moment begann eine tolle Freundschaft zwischen uns beiden. Ich war dann auch immer öfter bei ihm und wir redeten über viele Dinge. Es tat mir gut, einen älteren Bruder wie ihn zu haben.

Eines Sonntags berichtete er in der Gemeinde von einer bevorstehenden Israel-Männerreise. Nach dem Gottesdienst meinte er, er hätte schon Lust mitzufahren, und ob ich eventuell auch daran interessiert wäre. Am Anfang dachte ich eher: *Was soll das bringen? Ich kenne da doch keinen!* Ich war eher abgeneigt. Dann habe ich aber darüber gebetet und mir nochmal meine Gedanken gemacht und kam zu dem Entschluss: *„Wenn Tom mitgeht, gehe ich auch mit!"* So hat sich alles ergeben, und ich habe es nicht bereut.

So viele Männer auf einem Haufen, aber trotzdem gab es nie eine Streitigkeit oder ein böses Wort. Wir haben in dieser Woche viel erlebt. Wie für die meisten, war der berührendste Moment für mich der Garten Gethsemane. Natürlich war aber jeder Moment dieser Reise etwas Besonderes, und ich war dankbar, dabei sein zu dürfen. Die anderen haben ja in diesem Buch schon so viel darüber berichtet.

Am letzten Abend im Kibbuz haben wir uns alle nochmal im Freien getroffen und jeder durfte seine Woche im Heiligen Land in Worte fassen. Keiner war dabei, der es bereut hätte, vielmehr war jeder angetan von der Woche, so habe ich es zumindest empfunden. Es war eine von Gott gesegnete Zeit, und ich bin nach wie vor überzeugt, dass keiner umsonst dabei war, sondern es bei jedem Einzelnen Gottes Wille war. Ich durfte neue Menschen kennenlernen und ihre Geschichte hören. Das war für mich, als einem der Jüngeren bei dieser Reise, etwas ganz Besonderes und ich durfte viel mitnehmen. Ich bin gestärkt nach Hause zurückgekommen. Es waren tolle Erfahrungen, tolle Momente und tolle Menschen!

Immer wenn ein Mensch zum Glauben kommt, ist Gottes Hand im Spiel, und ich durfte solche Momente, solche Wunder miterleben und Zeuge davon sein. Männer haben geweint, als ihnen auf einmal bewusst wurde, dass Jesus für uns sündige Menschen am Kreuz sein Leben ließ.

Was mir auch noch sehr klar geworden ist, dass es gut tut, wenn sich Männer einfach untereinander austauschen können und sich öffnen. Man sagt oft, Männer dürften keine Schwäche zeigen oder nicht weinen. Ich bin der Ansicht, vor allem nach dieser Reise, dass Männer sehr wohl weinen dürfen und nicht versuchen müssen, mit ihren Problemen alleine fertig zu werden. Es tut immer gut, sich mit einem gläubigen Bruder zu unterhalten und sich gegenseitig zu stärken. Egal, wie aussichtslos deine Lage auch sein mag, Jesus will für dich da sein und dir helfen, deine Probleme zu überstehen.

Mich haben vor allem die Worte von Michael Stahl berührt, als er über die Liebe zwischen Vater und Sohn redete. Bei dieser Predigt konnte auch ich, wie viele andere, die Tränen nicht zurückhalten, weil es einfach die Wahrheit war und unter die Haut ging. Wieso kann ein junger Mann zu seinem Vater nicht sagen, dass er ihn liebt, oder zu seiner Mutter? Was hindert uns daran, offen und liebevoll miteinander umzugehen und unsere Eltern zu lieben und andersrum genauso?

Viele solcher Momente waren dabei, die mich zum Nachdenken gebracht haben und die ich mit nach Hause nehmen wollte, um sie in mein Leben einzubauen. Aber wenn wir dabei unseren Heiland Jesus Christus nicht mit einbeziehen, ist es zum Scheitern verurteilt. Ohne ihn sind wir hilflos und uns fehlt etwas im Herzen, das unseren Hunger stillt. So geht es mir zumindest oft, wenn ich mich dabei ertappe, wieder mein eigenes Ding durchzuziehen und mehr auf mich zu schauen.

Wie schon oben beschrieben, habe ich mich für Jesus entschieden. Aber ich will auch ehrlich sein und zugeben, dass ich ihn oft nicht beachte und mir denke: *Geht schon irgendwie!* Ihm nachzufolgen, bedeutet nicht, dass man sich jetzt alles erlauben kann, er wird schon vergeben. Das wird er wahrscheinlich auch, weil er uns unendlich liebt, aber es ist doch auch fair, seine Liebe zu erwidern. Klar, denkt sich der ein oder andere, was kann man Gott schon geben? Aber man kann versuchen, Dingen, von denen man weiß, dass sie einem schaden könnten, gezielt aus dem Weg zu gehen. Gott freut sich über jede Anfechtung oder Prüfung, die wir bestehen, denn der Teufel versucht uns jeden Tag Schlingen zu legen und uns zu Fall zu bringen. Und da ist es wichtig, auf Jesus zu vertrauen, da er uns begleiten und da hindurchführen kann. Ich will einfach jeden ermutigen, voll und ganz auf Jesus zu vertrauen und ihn niemals aus dem Blick zu verlieren.

Seid mutig und geht eure nächsten Schritte MIT GOTT! JUST DO IT! – Gott ist Liebe!

Daniel Ungar

Ramon-Krater

■ PETER, der ganz Große

*Was
vor uns liegt
und was
hinter uns liegt
sind Kleinigkeiten im Vergleich zu dem,
was in uns liegt.
Und wenn wir das, was in uns liegt,
nach außen in die Welt tragen,
geschehen
Wunder*
(Ralph Waldo Emerson)

Dies kann ich aus eigener Erfahrung und aus vollem Herzen bestätigen! Aufgewachsen bin ich mit drei Brüdern in einem christlichen Elternhaus, mit viel Liebe und christlichen Werten, mit sonntäglichem Kirchgang und Mitwirken im Posaunenchor. Es hieß immer: *„Wir sind die Guten und die außerhalb sind die Bösen."* Dies verinnerlicht, fühlte ich mich als guter Mensch und Christ; dabei war ich nur Mitläufer in dieser Subkultur, wie ich später erkannte.

Mit sechsundzwanzig lernte ich eine andere *Welt* kennen, bedingt durch berufliche Veränderung in die Selbstständigkeit und Umzug in ein anderes Bundesland. Menschen, die zum Glauben und zur Kirche keinen Bezug hatten, spielten nun die größere Rolle in meinem Dasein. Durch Erfolg und Anerkennung war ich voll in einem anderen Leben unterwegs. Glaube und kirchliche Gemeinschaft waren von gestern.

Nach zehn Jahren wechselte ich vom Textil- in den Immobilienbereich und wir, meine Ehefrau, mein Sohn, meine Tochter und ich, zogen wieder in den süddeutschen Raum. Auch hier ging der geschäftliche Erfolg weiter. Der Größenwahn nahm seinen Lauf:

Im Zusammenhang mit einem nicht zu Stande gekommenen Bankenkauf in der Schweiz wurde ich sogar Bordellbesitzer. Dann kam im August 1995 der große Absturz und es folgten die Verhaftung und eine mehrjährige Haftstrafe. Ich hatte bankähnliche Geschäfte, Kapitalanlagen, betrieben und konnte diese nicht kurzfristig zurückzahlen. Ich wurde wegen Betrugs verurteilt.

Für den zweiten Weihnachtsfeiertag, den 26. Dezember 1995, beantragte ich Besuchserlaubnis für meine Ehefrau, meinen Sohn, meine Schwiegertochter und die Enkel. Es sollte eigentlich ein Abschiedsbesuch werden. Ich hatte mir für diesen Abend 60 Schlaftabletten besorgt, um der nach meiner Ansicht ausweglosen Situation ein Ende zu bereiten. Aber „jemand" hatte mit mir noch einen Plan ... .

Ich hatte für meinen Enkel, damals vier Jahre alt, Papier und Stift genehmigt bekommen. Nach Ende der Besuchszeit fragte ich ihn, was er da gemalt habe (es waren nur ein Kri-ckel-Krakel und ein schwarzer Punkt). Er erklärte: *„Opa, totale Katastrophe, alles kaputt ... ganzes Geld fort ...!"* Auf meine Frage, was der schwarze Punkt bedeutet, kam die Antwort: *„Das ist ein Samenkorn, und da wächst neues Leben!"* Schlagartig umgab mich eine Ruhe, eine Heiligkeit, und das Samenkorn war für mich JESUS. Dies war für mich eine Wiedergeburt. Und von Stunde an begann ein neues Leben!

Alle trüben Gedanken waren verschwunden. Glaube, Hoffnung und Zuversicht kehrten wieder in meinem Leben ein. Bis heute darf ich in vielfältiger Weise für andere Menschen da sein und die wahren Werte unseres Daseins weitergeben. Und dabei das wunderbare Wirken von Jesus erleben, wie ER Menschen aus Angst und Traurigkeit in Frieden und Geborgenheit hineinhebt.

Reisen war nicht mehr mein Ziel. Aber eine Sehnsucht war in mir, einmal noch die Wirkungsstätten von Jesus in Israel zu besuchen. Im Oktober 2016 besuchte ich einen Vortrag von Michael Stahl in der PSM. Seine Lebensgeschichte hat mich sehr beeindruckt. Wenige Zeit später bot er eine Israel-Reise an. Jetzt war die Gelegenheit da – aber kein Geld. Wenige Tage danach, als ich meine Sehnsucht und jetzt die Möglichkeit dazu einigen Brüdern und Schwestern im Herrn

53 Männer

See Genezareth

kundtat, lag der Betrag für die Reise – nebst Taschengeld – in meinem Briefkasten und ich konnte mich anmelden. Es geschehen auch heute noch Zeichen und Wunder.

Dann die Reise mit 52 Männern nach Israel: Es war eine Reise in die Vergangenheit und doch war mir Jesus so nah. Besonders im Garten Gethsemane und am See Genezareth mit 52 Männern und 104 Händen zum Himmel … Momente, wo man das Wirken des Heiligen Geistes förmlich spüren konnte.

Dass ich F. beim Bekennen seines Glaubens im Gebet begleiten durfte, war für mich noch eine ganz besondere Erfahrung und Stärkung meines Glaubens an unseren Herrn und Heiland.

Danke an ALLE, die mir diese Reise ermöglicht haben und Dank an die wunderbare Gemeinschaft von 52 Männern einschließlich der Reisebegleitung.

Peter Häberle

■ GERHARD, der Weise

Ein Polizist zu sein, ein Schlosser, ein Landwirt, ein Hundeflüsterer, ein Immobilienhändler, Bodyguard, Boxchampion, Gärtnermeister, Rasenprofi, Pfarrer – jeder Beruf ist eine Herausforderung. Doch die größte Berufung ist, ein Christ zu sein, auserwählt für das Reich Gottes. Das führt in die Ewigkeit und birgt ein interessantes Dasein mit viel Freude, Frieden und Reichtum in sich.

Meine persönliche Herausforderung, liegt in dem Bibelvers aus Johannes 14,21: *„Wer meine Gebote hat und hält, der ist es, der mich liebt, und den wird mein Vater lieben und ich werde ihn lieben und mich ihm offenbaren."*

Die Offenbarung unseres Herrn und Königs Jesus Christus führt unweigerlich in eine besondere Schule, in die Charakterschule Gottes. Sie entwickelt und bewährt sich in den außergewöhnlichen, aber eben auch in den ganz alltäglichen Lagen unseres Lebens, so geschehen auch auf unserer Männerreise nach Israel.

Es begann schon bei der Sache mit der Uhr. Ich habe eine Traser H 3 Comander, cool im Aussehen, absolut zuverlässig, die mit Lithium versehenen Zeiger leuchten Tag und Nacht. Sie geht niemals falsch.

Meine Frau fuhr mich zum Bahnhof nach Gießen. Meine Bahnverbindung zum Flughafen nach Stuttgart begann mit einem Regionalzug nach Frankfurt am Main um 09.22 Uhr auf Gleis 2. Da ich bereits um 08.50 Uhr eintraf, hatte ich noch etwas Zeit. Ich betrat den Kiosk des Bahnhofes und suchte nach einer Broschüre über mein Reiseziel *„Israel"*. Ich fand eine und beschloss diese als Reiselektüre anzuschaffen.

Meine Uhr zeigte nun exakt 09.10 Uhr an, also noch genau 12 Minuten bis zur Abreise. Ich begab mich zu meinem Bahnsteig. Von dort verließ gerade ein Zug den Bahnhof.

Es war jetzt 09.17 Uhr, der Bahnsteig leer. Fährt wohl keiner mit, dachte ich. Hinter mir standen Reisende auf Gleis 3. Zwei Flüchtlinge mit alten, noch funktionsfähigen Fahrrädern kamen gerade die Treppe herauf, murmelten einander etwas zu und trugen ihre Räder die Treppe wieder hinunter. Nette Typen, aus Eritrea, dachte ich, und ein Fahrrad besitzen sie auch.

09.22 Uhr, kein Zug. Ich verglich die Bahnhofsuhr, die bereits 09.30 Uhr zeigte, mit meiner – geht wohl falsch, dachte ich.

09.30 Uhr, es kommt immer noch kein Zug. Ich hole mein Handy heraus. Darauf kann ich die Zeit 09.40 Uhr ablesen. Stimmt mit der Bahnhofsuhr überein. Zug verpasst! Mist! Was wird nun?

Irgendwie und mit Hilfe der Bahn habe ich dann doch Stuttgart erreicht. Meine Uhr ging falsch! Das ist mir noch nie passiert! Ich stellte die Uhr neu und seitdem geht sie wie gewohnt richtig. Wer wollte verhindern, dass ich diese Reise antrete? Meine Uhr? Fazit: Verlass dich nicht zuerst auf deine Ausrüstung, sondern auf den HERRN!

In *Beit Al Liqa'* treffen wir Johnny, einen Mann Gottes, ein Palästinenser mit evangelistischen Gaben. Er spricht ein brillantes Deutsch. Ein Leiter, wie er im Buche steht. Vorbildlich sein Gottvertrauen und seine Tatkraft. So stelle ich mir die *„königliche Priesterschaft"* der Gläubigen vor (1. Petrus 2,9).

Dann geht die Charakterschule für mich weiter.

Nach dem Essen ein Kaffee? Ja, das wär doch was. Ich werde fündig. Am Ende der Tafel steht heißes Wasser und Kaffeepulver. Dann entdecke ich den Nachtisch. Warum nicht! Mit dem Kaffee und einem Stück Kuchen balanciere ich an den Tisch zurück. Bei dem Versuch, die volle Tasse abzustellen, verschütte ich ein wenig Kaffee. Ich korrigiere die Untertasse nach rechts und – die Tasse kippt ... in Zeitlupe ... nach links um. Der Inhalt ergießt sich komplett auf den Tisch! Ich spüre, nicht jeder hat für mein Missgeschick spontan Verständnis. Ich erinnere mich an meinen ungehaltenen Vater. Meine

Kinder habe ich bei so etwas nie geschimpft. Darüber freue ich mich und lege zwei Servietten auf den Schlammassel Meine Gedanken suchen die Erinnerung an mein letztes Verschütten zu orten ... es ist vielleicht 50 Jahre her. Eigentlich hätte die Tasse nach rechts kippen müssen, dachte ich noch. Nein, es läuft nicht immer alles brillant! Ich habe auch die kleinen Dinge, bis hin zur Peinlichkeit, nicht einfach im Griff. Demut – ein ganz wichtiges Ziel der Charakterschule Gottes!

Momentaufnahmen von bewegten Motiven an hellen Orten, das Erstellen von Panoramabildern, das Fotografieren soll mein Hobby im Ruhestand werden. Meine Frau will auch mitmachen. Sie fehlt mir. Unter all diesen Männern fühle ich mich doch ein wenig einsam. Wäre schön, wenn sie dabei wäre. Doch meine Kamera hält bewegende Momente fest. Männer, die sich wohl fühlen, die miteinander scherzen. Gott ist mit uns, denke ich mir. Er formt uns zu einer erstaunlichen Bruderschaft, in der keine missfallenden Äußerungen Platz finden. Zehn Männer kehren um, sie ändern die Richtung ihres Lebens. Was für ein Wunder in unserer Zeit! Gott hat dazu nur drei Tage gebraucht! Groß ist sein Name, gepriesen ist er! Helmut und Thomas proklamieren das Wort Gottes immer und zu jeder passenden Gelegenheit in die neue Bruder-

Grandiose Aussichten: die Wüste Negev

schaft hinein. Erstaunliche Männer, die beiden; welch eine Besonderheit ist ihr Gottvertrauen.

<u>Die Reise ist anstrengend. Uns ist nur wenig Rast gegönnt. Unser Heiland und König hatte keinen Platz, wo er sein Haupt hinlegen konnte, denke ich parallel.</u> Anstrengend, aber trotzdem schön! Was für ein Privileg, dort zu sein, wo Gott Männer verändert. Wie friedvoll und satt doch das Leben an der Seite Gottes ist, trotz aller Anstrengung.

„Siehe, wie gut und wie lieblich ist es, wenn Brüder einträchtig beieinander wohnen! Wie das köstliche Öl auf dem Haupte, das herabfließt auf den Bart, auf den Bart Aarons, das herabfließt auf den Saum seiner Kleider; wie der Tau des Hermon, der herabfällt auf die Berge Zions; denn dort hat Jahwe den Segen verordnet, Leben bis in Ewigkeit" (Psalm 133,1-3).

Ach, wie schön wäre es, könnte ich so singen wie König David. Tom kann's!

Mein letzter Gedanke: *„Was für ein großes Privileg und eine besondere Ehre, einer von ihnen zu sein!"*

Gerhard Wittig

■ HELMUT, der coole Reiseleiter

Wenn Männer träumen, dauert es oft eine lange Zeit, bis sie dies in die Realität umsetzen. Auch bei mir bedurfte es etlicher liebevoller Schubse meiner Frau, bis ich mich darauf einließ, die Männerarbeit, die ich auf dem Herzen hatte, aufzubauen.

Als Reiseveranstalter von Reisen in biblische Länder und auf Vortragsreisen für Frauen wurden wir von einigen Frauen gebeten, doch endlich auch etwas für Männer zu starten. Diese Frauen hatten eine große Sehnsucht danach, dass Männer wieder in ihre wahre Berufung und von Gott gegebene Identität kommen. Das entsprach auch meinen inneren Bedürfnissen, sodass ich mich mit meinem Freund Norbert aufmachte, dies in die Tat umzusetzen.

Dabei leitete uns die Vision, Männer in einer guten Atmosphäre und mit gutem Essen zusammenzubringen, mit der Möglichkeit, sich ihren persönlichen Lebensfragen stellen zu können. Nach solchen Abenden wuchs in mir immer mehr der Wunsch, Männern noch mehr zu zeigen, wie Gott sie im Ursprung eigentlich gedacht hat, wie er sie wertschätzt und wirklich sieht.

Wir erkannten, dass es in unserem Land nur wenige Männer gibt, die einen echten Freund und auch eine gute Beziehung zu ihrem leiblichen Vater haben. Sie haben deshalb oft ein gestörtes Gottesbild und keine Herzensbeziehung zu Gott. Männer definieren ihre Identität sehr oft über das, was sie leisten und vorzuweisen haben, so hatte auch ich es erlebt.

Nach langem Gebet und Überlegen führten wir im Jahr 2016 zum ersten Mal das Männerwochenende „K.U.R.T – Reformation der Männerherzen – Kraft und Ruhe tanken für Männer nach dem Herzen Gottes" durch. Dabei kam es dann auch zur ersten Begegnung mit Michael Stahl, den ich dazu eingeladen hatte. Seine Lebensgeschichte und seine Botschaft bewegten mich sehr.

Am Ende des Wochenendes wurde Michael Stahls Kinderwunsch laut, einmal in dem Land zu sein, wo unser Herr gelebt und Wunder getan hatte, und dort zu knien, wo sein Heiland Jesus gekniet und den Kampf seines Lebens für die Sünden der Welt auskämpft hatte.

Schnell machten wir Nägel mit Köpfen und ich plante eine Reise ins Heilige Land, und schließlich machten sich 52 Männer im Alter von siebzehn bis fünfundsiebzig Jahren nach Israel auf, um mit dem „Dreamteam" Michael, Alexander (Sascha), Gerd und unserem israelitischen Führer Thomas den Spuren Jesu zu folgen.

Es war mir eine große Freude, diese Männertruppe meinem Freund Johnny aus Bethlehem vorzustellen. Als „Wirt" hatte er Platz in seiner sehr komfortablen Herberge. Und als ich diese genoss, musste ich daran denken, dass mein Herr ganz in der Nähe in einer unkomfortablen Höhle auf den Hirtenfeldern geboren wurde, weil es keinen anderen Raum für ihn gegeben hatte.

Wir lauschten voller Spannung Johnnys Zeugnis, wie er damals mit Gottes Hilfe unter der „Bombenstimmung in Beit Jala" sein Gemeindezentrum – welches er in seiner Vision

Jeeptour

Andacht

bereits als Ganzes gesehen hatte – trotz Ausgangssperre und Intifada in die Tat umsetzte. Durch diesen Zeugnisabend und die Vorträge von Michael, Alexander und Gerd sowie die täglichen geistlichen Impulse kamen acht Männer aus der Gruppe zum lebendigen Glauben. WOW – was für eine geniale Stunde Gottes! Sie luden Jesus in ihr Leben ein und bekannten mit eigenen Worten, dass sie nun diesem Jesus gehören und nachfolgen wollten.

Mich hat es tief bewegt, mit den unterschiedlichsten Männercharakteren und so manchem rauen Gesellen unterwegs zu sein. Während dieser Reisezeit erlebte ich voller Freude und Dank an meinen großen Gott, wie sich immer mehr Männer öffneten. Die Folge war, dass sich dann am Jordan elf Männer taufen ließen, zum Zeugnis vor der sichtbaren und unsichtbaren Welt, dass sie ein neues Leben mit Jesus in der Kraft des Heiligen Geistes leben wollten. Welch eine Ehre für mich, dass ich an den Taufen mitwirken durfte, wobei Männer ihr altes Leben in den Tod Jesu gaben und zu einem neuen Auferstehungsleben aus dem Wasser hervorkamen.

Auf einer Jeep-Safari, unterwegs im Ramon-Krater in der Negev-Wüste, haben wir diese Fahrt mit Wüsten- und turbulenten Zeiten in unserem Leben verglichen. Auch am Brunnen Abrahams in Beerscheba zu stehen und dem Beginn der Geschichte Gottes mit seinem Volk nachzuspüren, ließ die Heiligkeit und Größe Gottes erkennen.

Wir begegneten den jungen Soldaten direkt am Gazastreifen, hörten den Erzählungen ihrer Erlebnisse zu und beteten für ihren Schutz und Schirm in dieser so wichtigen Aufgabe der Verteidigung ihres Landes. Wir gingen betroffen durch die Gedächtnisstätte Yad Vashem, und mir wurde wieder neu bewusst, welche wichtige Aufgabe wir als Botschafter haben, damit es nie wieder zu solchen Gräueltaten an Gottes Volk kommt. Welche Gnade ist es, gerade als Deutscher hier zu sein!

Wir machten uns auf Spurensuche am See Genezareth, wo einst unser Herr viele Wunder tat – Krankenheilungen, Dämonenaustreibungen und Speisungswunder. Ein besonderer Moment war für mich auch, als wir direkt am See die Speisungswunder lasen und hörten, dass Jesus heute noch derselbe ist wie damals, als er viele Kranke heilte und Wasser in Wein verwandelte. Auch heute noch können Menschen von ihrer Schuld befreit werden und Heilung an Körper, Seele und Geist erfahren.

Die Geschichte von der Stillung des Sturmes, die wir auf dem Boot hörten, und wie auch Jesus den Sturm in meinem Leben stillt, bewegt mich selbst immer noch am meisten. Das Highlight dort war jedoch mein Freund und Kapitän, Daniel Carmel, mit seinem Lobpreisboot, in dem wir Männer mit in den Lobpreis und Anbetungsgesang hineingenommen wurden und selbst einstimmten, mitten auf dem See. Ja, es war für mich als organisatorischem Leiter sehr erstaunlich, wie sich die Männer zum Singen animieren ließen, sei es im Bus, im Speisesaal oder, wie schon erwähnt, auf dem Boot.

Doch es sollte ja Michaels Kinderwunsch in Erfüllung gehen und so zogen wir hinauf nach Jerusalem. Tausendjährige Ölbäume, knorrig wie manches Männerherz, dachte ich, und doch lebendig und stark, mit so viel Kapazität, Frucht zu bringen. Bäume und Männer, sie sind irgendwie vergleichbar, sie stehen fest und haben tiefe Wurzeln. Mein Gebet: Herr lass diese Männer so tief verwurzelt sein in dir und so viel Frucht bringen, wie jeder einzelne Baum hier in Gethsemane.

Wie viele Geschichten haben diese wilden, knorrigen Olivenbäume wohl gesehen? Wie viele Tränen wurden hier vergossen, ganz besonders vom König der Könige, der zuvor mit einem Esel in seine Stadt Jerusalem eingeritten war, von seinem Volk oberflächlich bejubelt, aber im Herzen nicht angenommen wurde.

Nun standen wir auf dem Ölberg und sahen von der Tränenkirche aus, wie Jesus Jerusalem gesehen hatte, als er über die Stadt weinte. Dann kamen wir in den Garten der Olivenbäume, Gethsemane, wo Jesus gekniet hatte und in den Willen seines Vaters einwilligte, um den schweren Kelch des Leidens und der Erlösung der Menschen zu trinken. Ich wünschte, jeder Mann dieser Welt könnte das erleben, was wir in diesen Augenblicken, abseits vom normalen Geschehen, erfahren durften. Das tat ER für mich – und für dich! Von Pontius nach Pilatus geschleppt, verspottet, gedemütigt, gequält und ausgepeitscht, bis man meinen Herrn durch die (heutige Einkaufsstraße) Via Dolorosa jagte, um ihn dann auf Golgatha, blutend für die ganze Welt, zu kreuzigen.

Wir, 52 Männer, standen an diesen bewegenden Orten und staunten am geöffneten, leeren Gartengrab. Eine Männerrunde, die hier fröhlich und zugleich tief ergriffen miteinander Gemeinschaft hatte und im Abendmahl das feierte, was Jesus seinen Jüngern als Vermächtnis hinterlassen hat.

Wir waren eine wunderbare Gruppe, die sich sehr diszipliniert verhielt. Wir hatten viel Spaß miteinander und erlebten mit Sascha (Alexander) und Gerhard auch praktische Einheiten, die auflockernd und wohltuend waren. Michael, mit seinem Gespür und Instinkt und seiner angenehmen Art, hat viele Herzen berührt. Alles in allem war es einfach nur ein Traum und Geschenk, dabei gewesen zu sein. Unserem großen Gott sei dafür die Ehre!

So vieles will ich diesen Männern und vielen anderen, die sich einladen lassen, von diesem gotterwählten Land noch zeigen. Ihnen das Wort Gottes lebendig vor Augen führen, mit ihnen den Weg der Erzväter gehen, die Stadt Davids erkunden, durch den Hiskia-Tunnel waten und am Ende das Licht sehen, wie es vielleicht in so manchem Leben auch ist.

Ich will mit meinen Reisegefährten lebendiges Wasser trinken, wie einst die Frau am Jakobsbrunnen. Ich möchte ihnen zeigen, wie gut arabische Christen und messianische Juden in Eintracht zusammenleben. Sie sollen sich ihr eigenes Bild von diesem oft inszenierten Medienterror machen und eine Liebe zu Gottes auserwähltem Volk und Land entwickeln. Denn *„Wer Israel segnet, der wird gesegnet sein"* (1. Mose 12,3).

Ich will Männern und ihren Familien zeigen, wie Gott die Wüste in Israel zum Blühen bringt, und will dadurch die Hoffnung stärken, dass auch Ehen erneuert und zum Blühen gebracht werden können. Ich will ihnen zeigen, dass das Tote Meer trägt und Gottes Verheißungen sich schon vielfach erfüllt haben und weiter erfüllen werden.

Mein Männertraum ist es, dass es immer mehr Männer nach dem Herzen Gottes gibt, die in ihrer männlichen Leidenschaft unseren großen Gott ehren und damit einen wesentlichen Beitrag dazu leisten, dass Heilung in ihr eigenes Herz, in ihre Familien und Ehen, an ihren Arbeitsplatz und in ihr ganzes Umfeld kommt. Mein Gebet ist es, dass es nochmals

Berg der Seligpreisung

ganz normale Männer geben wird, wie damals die Jünger Jesu, auf dessen Spuren wir in dieser Woche unterwegs waren. Zwölf Männer, die mit ihren Gaben und der Leidenschaft des Heiligen Geistes ihr Umfeld und die ganze damalige Welt erschüttert haben. Was werden wohl 52 Männer, die sich ebenfalls

anzünden lassen, alles erreichen? Ich kann gar nicht genug staunen und meinem Gott dafür danken.

Auf dieser Männerreise nach Israel sind Männerfreundschaften entstanden, die erhalten bleiben und gepflegt werden. Ich glaube und bin fest davon überzeugt, dass mit dieser Reise ein Stein ins Rollen gebracht wurde, der noch viele weitere Männer in unserem Land erfassen wird.

Ich wage es, weiter zu träumen, von einem GROSSARTIGEN GOTT, der sich in Israel durch sein Wort besonders uns Männern zeigt. Dort in der Wüste hat einst König David den Psalm 23 geschrieben, und ich möchte meinen 52 Reisegefährten diesen Psalm ermutigend und auf meine Art zurufen; ich will das jedem Mann ins Herz sprechen, der sich nach Ruhe, Liebe und Verständnis, Gottes Hilfe und Heimat bei ihm sehnt.

„Der Herr ist dein Hirte – dir, mein Freund, wird nichts mangeln! Er, dein Gott, weidet dich auf einer grünen Aue, weil er es dir zugesagt hat. Er führt dich zum frischen Wasser, sodass deine Seele nie mehr dürstet. Er führt dich auf rechter Lebensstraße, um seines Namens willen, und lässt dich nie, nie im Stich. Er versorgt dich mit allem, was du brauchst, ja, mit noch viel MEHR, als du dir je vorstellen kannst. Er deckt dir sogar im Angesicht aller Schwierigkeiten und Widrigkeiten des Alltags den Tisch. Selbst im Angesicht deiner Feinde stellt er, dein Gott, sich zu dir und ist dein Schutz und dein Schirm. Du, mein Gott, machst es möglich, dass wir nicht mehr auf raue Männerart Öl ins Feuer schütten und Probleme zu Tra-

gödien machen. Du beauftragst und berufst Männer nach deinem Herzen und gibst ihnen mit deinem Heiligen Geist das Öl, damit sie es zur Heilung ihrer eigenen und anderer Wunden gebrauchen. Du gibst uns Männern Halt und die Wanderausrüstung, mit der wir unseren Glaubensweg, auch durch dunkle Täler und über steinige, gefährliche Pfade, gehen können und sicher ankommen. <u>Du sagst es uns zu, dass wir mit dir und an deiner rechten Hand aufrecht gehen dürfen, als deine geliebten Söhne, und dass es eine Herrlichkeit ist, nicht nur in der Ewigkeit, sondern schon in dieser Weltzeit mit dem besten Vater, Gott und König unterwegs zu sein.</u>"

In diesem Sinne segne ich alle Männer und träume weiter, dass sich noch viele mit einem brennenden, leidenschaftlichen Herzen anstecken lassen, damit sie unser Land erschüttern und etwas in Bewegung bringen, und damit sie auch für Israel, Gottes geliebtem Volk, ein Segen sind.

Schalom und in unvergesslicher Erinnerung an eine außergewöhnliche Männerreise

Helmut Jarsetz

Löwentor in Jerusalem

Helmut Jarsetz ist verheiratet mit Siegrid, die eine Praxis für Therapeutische Seelsorge führt. Sie haben drei erwachsene Kinder, die Gott ebenfalls in ihren verschiedensten Begabungen dienen. Seine Freizeit verbringt Helmut gerne mit seinen fünf Enkelkindern und ist laut seiner Frau der beste Opa der Welt.

Als Ehepaar sind sie zusammen mit Norbert und Angelika Müller mit der GIEGA-Ehe-Wellnessreise und auf Vorträgen unterwegs. 2005 konnte Helmut sein Hobby zum Beruf machen und gründete die Kreativ Reisen GmbH. Seitdem bietet er Reisen in Biblische Länder mit Schwerpunkt Israel an. Näheres unter www.kreativreisen-gmbh.de

Seine ganze Leidenschaft gilt dem neu gegründeten Verein Hearts on Fire e.V. Aus einem brennenden und leidenschaftlichen Herzen heraus will er mit allen, die sich einbringen und Teil dieser Bewegung werden, Gottes Ehre in unserem Land wiederherstellen und Israel und den Menschen dienen. Näheres unter www.hearts-on-fire.org

■ Nachwort

Nun, wie geht es deinem Herzen damit, dass so viele Männer aus ihrem Herzen berichtet haben? Ich bin tief berührt und begeistert. Es sind keine Autoren, ganz einfach einfache Männer. Wie schön, wie kostbar und wertvoll ist es, wenn Männer auspacken! Männer, die zu ihren Niederlagen und Schwächen stehen und somit ihre wahre Stärke offenbaren. Männer die ihre

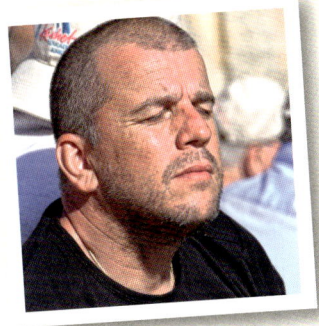

Scham, ihre Fehler und ihre Macken bekennen …

Sie können es, weil sie sich tief in ihrem Herzen dessen bewusst sind, dass einer für alles das bezahlt hat. Oben auf Golgatha trug Jesus all unsere Schuld. Er hängt dort nackt am Kreuz und stirbt für alles Schamhafte, was wir getan haben …

Er gibt seine Würde dahin, damit wir unsere Würde empfangen. Er verliert sein Leben, damit wir leben. All deine Misserfolge und Niederlagen können nun sehr kostbar sein. Öffne dein Herz, damit auch andere ihr Herz öffnen. Männer müssen nicht immer stark sein, was auch immer das ist. Sie dürfen weinen, verletzbar sein, sie dürfen versagen … aber sie können auch aufstehen, beschützen, helfen und einfach da sein, wenn man sie braucht. Männer sollten wieder viel mehr der Sehnsucht ihres Herzens folgen, damit sie nicht ausbrennen. Sie sollten den Brandstifter des Feuers kennen und den lieben lernen, der all diese Sehnsüchte in ihr Herz gelegt hat. Sie dürfen auch entdecken, was zu tun ist, damit das Feuer weiterbrennt …

Männer sollten sich wieder viel mehr ihrer Rolle als Söhne bewusst werden – die ihrer Eltern und des himmlischen Vaters.

Gerne gebe ich noch die Bitte einer über Achtzigjährigen weiter, die nach einem Vortrag mit folgenden Worten auf mich zukam:

„Lieber Michael, eine Bitte habe ich noch an dich: Bitte unterweise die Männer in den Tugenden der Ritterlichkeit!"

Was für eine Bitte! Da ich diese selber kaum kannte, forschte ich nach. Was ich zu lesen bekam, beeindruckte mich zutiefst. Hier sind sie, die Tugenden der Ritterlichkeit:

- Demut
- Würde
- Freundlichkeit
- seelische Hochstimmung
- Höflichkeit, Respekt gegenüber anderen
- Tapferkeit
- maßvolles Leben, Zurückhaltung
- Großzügigkeit
- dienstbare, hingebungsvolle Liebe
- Beständigkeit
- Treue
- Anstand, Wohlerzogenheit, Erziehung nach festen Regeln

Blick ins Gartengrab

Ich glaube, tief in unserem Herzen begehren wir, so zu sein und wünschen uns auch unsere Mitmenschen so. Und alle diese Tugenden durfte ich bei den Männern erleben. Ich war mit Männern in Israel, welche die Tugenden der Ritterlichkeit in sich trugen und ausgelebt haben!

Nicht nur die alte Dame ruft nach diesen Tugenden, sondern die ganze Welt schreit danach. Männer, entdeckt eure wahren Sehnsüchte! Lernt den zu lieben, der alle die Sehsüchte in euer Herz gelegt hat, und gebt diese unendliche Liebe reichlich weiter! Sprecht diese Liebe wieder aus!

Es war mir eine unendliche Ehre, mit diesen Männern im Heiligen Land gewesen zu sein. Wir brauchen mehr von dieser Sorte Männer!

„Eisen wird mit Eisen geschliffen und so formt ein Mann den Charakter eines anderen Mannes" (Sprüche 27, 17).

„Es sollen sich die Herzen der Väter bekehren zu den Kindern und das Herz der Kinder zu ihren Vätern" (Maleachi 4, 6).

All das wünsche ich dir, und noch viel mehr, ein Mann nach dem Geschmack Gottes zu werden. Gottes guten Segen!

Michael Stahl

www.protactics-stahl.de oder Facebook: Michael Stahl

Weitere Bücher & Hörbücher von Michael Stahl

Michael Stahl | Maja Loretta – Post aus den Wolken

Es ist nicht wichtig, wie lange du lebst, sondern wie du lebst.

80 Seiten, gebunden, vollfarbig

„Post aus den Wolken", so lautete die Überschrift des Abschiedsbriefes von Maja Loretta, die mit sechzehn Jahren an Krebs starb. Wer Maja in die Augen sah und ihre unbeschreibliche Freude und Dankbarkeit erlebte, spürte, dass dieses Mädchen von einer Liebe getragen wurde, die nicht von dieser Welt war. Majas Liebe soll weiterleben – nicht nur im Himmel, sondern auch unter uns.

Zitate:

Dieses zauberhafte Mädchen Maja Loretta verdreht uns den Kopf! Mit ihren unbekümmerten Aussagen stellt sie all das in Frage, was wir irrtümlicherweise für „Leben" halten. Wer wie Maja den Tod vor Augen hat, der wird plötzlich wach für das Wesentliche und fängt an, jeden Tag seines Lebens im Bewusstsein der Nähe Gottes zu gestalten, anstatt vom Konsum und Kommerz gelebt zu werden.
David Kadel, Inspirationstrainer

Krasses Buch – was für ein Zeugnis! Tragisch, aber so hoffnungsvoll.
Thomas Enns, Sänger von Koenige&Priester

Dieses Buch hat mich sehr berührt, denn Hoffnung und Dankbarkeit sind in dieser kalten Welt selten geworden. Eine wahre Ermutigungsgeschichte, die ich jedem empfehlen kann.
Josef Müller, Redner & Autor

Maja lebte, praktizierte und veranlasste Versöhnung auch noch über ihren Tod hinaus.
Samuel Koch, Schauspieler & Bestsellerautor

Michael Stahl | ERlebt

– 25 wunderbare Geschichten aus meinem Leben.

160 Seiten, Paperback

Wer sagt dir jeden Tag, wie wertvoll du bist? Wer tröstet dich in schweren Stunden? Wohin mit Versagen und Schuld? Wohin mit unseren unerfüllten Sehnsüchten? Begleite Michael Stahl und sein Team ein Stück des Weges, um Antworten auf all diese Fragen zu finden! Begleite ihn zu den Menschen, die ohne Hoffnung waren, zu den Sprachlosen, die nun singen. Höre jenen zu, die einst ohne Hoffnung und Trost waren. Setze dich mit ihm an das Bett von Sterbenden, die in letzter Sekunde das Leben fanden. Erlebe, dass ER (Gott) lebt und dich liebt!

Michael Stahl / Rainer Zilly | **MutMacherKiste**
– Aufstehen – Lieben – Kämpfen – Siegen

114 Seiten, Wire-O, vollfarbig

Michael Stahl – der MutMacher in Person –
hat seine wichtigsten Erfahrungen der letzten
Jahre zusammengetragen: viele faszinierende
Geschichten über Wunder und Vergebung,
die tief berühren.
Der Grafiker Rainer Zilly hat daraus ein kurzwei-
liges, ästhetisches und praktisches MitMach-
Buch gestaltet – eine Fundgrube für alle, die
neuen Mut brauchen, anderen Mut machen
wollen oder gerne einfach interessante Geschichten und Berichte lesen.

Michael Stahl / Rainer Zilly | **MutMacherKiste, die zweite**
– Geschichten voller Wahrheit, Leben und Liebe

128 Seiten, Wire-O, vollfarbig

Die MutMacherKiste, die zweite ist eine beson-
dere Sammlung Mut machender Geschichten,
Berichte und Erlebnisse. Michael Stahl, Rainer
Zilly und viele ihrer Freunde erzählen von
Momenten aus ihrem Leben, von Glaube,
Hoffnung, Liebe, Freude, Wut und Trauer ...
Geschichten, die alltäglich, wundervoll oder
spektakulär sind: Heilung von Krebs, Über-
windung von Angst, Gebetserhörungen
oder eine Begegnung im Himmel.

Mit dabei: Josef Müller, Colin Bell, Gina Lippert, Arno Backhaus, Simon Gegenhei-
mer, Jana Highholder, Mandy, Simone Langendörfer, Frank und Brigitte Krause,
Dr. Klaus Hettmer, Hilda Kaufmann u. a.

Michael Stahl / Klaus Hettmer | **Deine Sehnsucht nach dem Paradies**

192 Seiten, Paperback

Dieses Buch beschreibt die menschliche Ursehnsucht
nach wahrer Liebe, bedingungsloser Annahme und
echtem Frieden, die Gott in das Herz eines jeden
Menschen hineingelegt hat. Ohne ihn sind wir jedoch
der Herrschaft von Lüge, Gewalt und Hass hilflos
ausgeliefert. Gott aber hat von Ewigkeit her einen
anderen Plan für uns. Er will uns das verlorene Paradies
wieder zugänglich machen. In Jesus Christus hat er
den Teufelskreis menschlicher Schuld und Sünde
durchbrochen und alles dafür getan, um uns Zukunft
und Leben zu geben.

Michael Stahl | Verbranntes Männerherz
– Auf der Suche nach Männlichkeit (Roman)

120 Seiten, Paperback

Joe, der alles hat, was ein moderner Mann haben sollte, zweifelt an sich und seiner Männlichkeit. Auf der Suche nach Sinn begibt er sich auf eine abenteuerliche Reise. Er begegnet einem mysteriösen Fremden, der ihm alle Fragen beantwortet, die ihn jahrelang gequält haben.

Joe fängt an, an Gott zu glauben und ihn zu lieben. Unfassbare, unerklärliche und wunderbare Dinge geschehen. Wagen Sie mit ihm einen Blick in den Himmel.

Dieses Buch ist auch als **Hörbuch** erhältlich, gelesen von Daniel Kopp, 175 Min., MP3-CD

Michael Stahl | Vater-Sehnsucht

120 Seiten, Paperback

Immer mehr Kinder wachsen in dieser Welt ohne Vater auf. Was wird aus diesen Kindern? Der Vater ist der erste Held im Leben eines Kindes. Dieser mächtigste Mensch der Welt kann Wunden schlagen und sie auch heilen. Michael Stahl lässt uns an der Entstehung und dem Heilungsprozess seiner eigenen Vaterwunden teilhaben. Und er berichtet, was er erlebt, wenn er in Schulen, Heime, Gefängnisse oder Firmen geht und dort Menschen hilft, sich miteinander zu versöhnen.

Das Buch ist eine Schatzgrube für alle auf der Suche nach Wurzeln, Identität und Wahrheit.

Dieses Buch ist auch in **englisch**, **russisch** und als **Hörbuch** erhältlich.

Bestellen Sie in Ihrer Buchhandlung oder direkt beim Verlag:

GloryWorld-Medien
Beit-Sahour-Str. 4
D-46509 Xanten
Fon: 02801-9854003
Fax: 02801-9854004
info@gloryworld.de

Aktuelles, Leseproben, Downloads & Shop:
www.gloryworld.de